Esoterik

Herausgegeben von Gerhard Riemann

Märchen bergen in leicht eingängiger Form die großen archetypischen Menschheitsthemen in sich. Durch ihre plakative und oft spannende Handlung bekommen Erzähler wie Zuhörer ihre (philosophisch-psychologischen) Lehren gleichsam spielerisch vermittelt. Und im Zentrum steht fast immer ein Thema: Gut und Böse.

»Sagaheim« verdichtet die Welt des Erzählgutes von Generationen. Viele überraschende Einblicke in die Ideengeschichte werden mit wissenschaftlicher Methodik und im Hinblick auf esoterische Gesetzmäßigkeiten vorgestellt. Moderne Märchenforschung, Religionswissenschaft, Seelenkunde und Parapsychologie, auf bekannte wie auf seltene Motive angewandt, führen durch ein großartiges Panoptikum von Bildern und intuitiver Weisheit.

»Sagaheim« ist das letzte Buch des großen Schriftstellers und Forschers Hans Biedermann. In ihm verdichtet sich sein Erfahrungsschatz und seine Lebensweisheit.

Prof. Dr. Hans Biedermann, 1930 in Wien geboren, studierte Natur- und Geisteswissenschaften und lehrte an der Universität Graz. Er war Mitarbeiter an weltweit anerkannten symbolkundlichen Werken und schrieb zahlreiche Fachaufsätze und Bücher, so das »Handlexikon der magischen Künste«, »Bildsymbole der Vorzeit«, das »Lexikon der Felsbildkunst« und »Knaurs Lexikon der Symbole«.
Prof. Dr. Hans Biedermann starb im Jahre 1989.

W0173628

Originalausgabe Juni 1990
© 1990 Droemersche Verlagsanstalt Th. Knaur Nachf., München
Das Werk einschließlich aller seiner Teile ist urheberrechtlich geschützt.
Jede Verwertung außerhalb der engen Grenzen des Urheberrechts-
gesetzes ist ohne Zustimmung des Verlages unzulässig und strafbar.
Das gilt insbesondere für Vervielfältigungen, Übersetzungen,
Mikroverfilmungen und die Einspeicherung und Verarbeitung
in elektronischen Systemen.
Umschlaggestaltung Dieter Bonhorst
Umschlagillustration Helga Gebert
Satz MPM, Wasserburg
Druck und Bindung Ebner Ulm
Printed in Germany   5   4   3   2   1
ISBN 3-426-04231-2

Hans Biedermann

SAGAHEIM

Verborgene Weisheit in alten Märchen

INHALT

Vorwort 9

Sagaheim: Uroboros und Möbiusband 11
Schneewittchen — Nagitschigummini 29
Einweihung, Tod und Neugeburt 41
Odysseus — Dagawenda 53
Die Welt der Frau Holle 75
Unterwelt und Höhlenraum 93
Glasberg und Yggdrasil 103
Das Wasser des Lebens 123
Verwandlungen 135
Drachen 157
Spuk und »Psi« 175
Die böse Hexe 189
Schicksalsfäden 207
Nach Sagaheim und zurück 221

Anhang: Märchenpraxis (L. Eschenbach) 231
Bibliographie 241

Im Märchen sublimiert sich die Welt. Man darf sagen, da es alles Innere in Äußeres übersetze, alles im dunklen Raum der Seele Verborgene in Sichtbares verwandle. Die Erdenschwere fällt ab, die Dinge werden durchscheinend, leicht und hell... An die Stelle von Zeit und Raum tritt Wesentlichkeit.

MAX LÜTHI

VORWORT

Dieses Buch, eine Originalpublikation für Knaur-Esoterik, behandelt die traditionellen Märchen von einem übergreifenden Standpunkt aus (vgl. die Vorbemerkung der Bibliographie, S. 241). Es werden oft unorthodoxe Blickwinkel diskutiert, ohne deshalb die Ergebnisse der modernen Märchenforschung zu vernachlässigen. Ausgangspunkt sind vorwiegend die im deutschen Sprachraum »klassischen« Kinder- und Hausmärchen der Brüder Grimm, die mehrfach in Wortlaut und Rechtschreibung der Erstausgabe wiedergegeben werden. Daneben wird auch der Märchenschatz fremder Völker und Kulturen zur Verdeutlichung der angeschnittenen Probleme herangezogen.

In erster Linie bin ich meiner Frau Sibylle für ihre Mitarbeit und das Einbringen neuer Gesichtspunkte bei der Diskussion, aber auch für das Zusammenstellen der Illustrationen dankbar; ebenso Herrn Dr. L. Eschenbach für den Anhang »Märchenpraxis« (S. 231). Frau Edith Temmel, Ingeborg Schwarz-Winklhofer, Herr Dr. Friedrich Waidacher und mehrere Studierende am Institut für Volkskunde der Universität Graz haben mir beim Suchen der oft schwer erreichbaren Quellen sehr geholfen. Überdies muß jeder auf diesem Gebiet Arbeitende mit großer Dankbarkeit all jener Forscher und Sammler gedenken, die seit vielen Jahrzehnten bemüht waren, die

Überlieferungsschätze des Erzählgutes zu bergen und nicht der Vergessenheit anheimfallen zu lassen. Nur dadurch konnte das scheinbar »fossile« Basismaterial dazu gebracht werden, auch zum Menschen der Gegenwart zu sprechen und auf zeitlose existentielle Fragen relevante Antworten zu geben.

SAGAHEIM:
UROBOROS UND MÖBIUSBAND

Da dieses Buch nicht für Mythen- und Märchenforscher geschrieben wurde, sondern für interessierte Leser im allgemeinen, ist zunächst der Gegenstand genauer zu umreißen. Zwar meint jeder von uns recht genau zu wissen, was unter dem Begriff »Märchen« zu verstehen ist — aber bei näherem Nachfragen zeigt sich bald, daß zwischen Sage, Märchen, Mythe und Legende nicht immer unterschieden wird.

Nach dem Alltagsverstand ist all diesen Erzählformen gemeinsam, daß sie ihre Stoffe aus einem Bereich beziehen, in dem die »harte Realität« der Normalwelt nur begrenzt gültig ist. Die zunächst mündlich überlieferten Geschichten scheinen in einem traumähnlichen Reich zu existieren, in dem Wunderbares geschieht, in dem Wünsche wahr werden und große Gefahren sich in nichts auflösen können. Im Traum, so heißt es oft, leben wir alle in einer Märchenwelt.

Jedoch sind die Handlungen der Träume meist von Handlungssprüngen und Änderungen des Schauplatzes gekennzeichnet, von einem Fehlen der erkennbaren Logik, wie dies bei den traditionellen Erzählstoffen nie der Fall ist. Dort ist alles — solange es sich nicht um verstümmelte Themen handelt — wohlgeordnet und abgerundet, wenn auch von anderen Gesetzen beherrscht als die Alltagswelt. Märchenkenner sind in der Lage, ein richtig begonnenes

Märchen sinngemäß abzurunden und zu vollenden, weil sie die »Spielregeln« beherrschen. Dies trifft zumindest für die Volksmärchen zu (bei Kunstmärchen liegt der Fall naturgemäß etwas anders).

Die *Sage* hat mit dem Märchen gemeinsam, daß sie Elemente enthält, die in der Realität keinen Platz haben — daß in ihnen übernatürliche Gestalten auftreten: Zwerge und Riesen, sprechende Tiere, zauberkräftige Menschen, wissende Steine und Pflanzen, Verkörperungen von Wünschen und Ängsten. Die Sage jedoch will ihrer Natur nach geglaubt werden. Ihre Handlungsfäden sind an wirklich existierende Örtlichkeiten geknüpft, und oft ist in ihr die Rede davon, daß Zweifler und Frevler streng bestraft werden. Fast immer steht nur ein einziger Motivgedanke im Vordergrund — Sagen sind daher ihrer Natur nach kürzer als Märchen, die immer mehrere Grundmotive in freier Gestaltung zusammenfügen. Sagen wollen oft erklären, warum etwas gerade so und nicht anders geworden ist, warum bestimmte Verhaltensregeln eingehalten werden sollen und wie der Mensch am besten mit dem großen Bereich des Unbekannten auskommt. Ihr lehrhafter Charakter, aus alten Epochen in unsere Zeit herübergerettet, ist fast immer klar erkennbar. Sie können etwa bildhaft darstellen, weshalb es unstatthaft ist, zur Winterszeit die leerstehenden Almhütten im Gebirge aufzusuchen, Steine in Brunnen zu werfen, nahe an Flußufer zu gehen oder Grenzsteine zu versetzen.

Legenden behalten diesen pädagogischen Charakter bei, nur treten in ihnen Gestalten aus der Hochreligion auf — etwa St. Petrus, die heilige Maria oder Gottvater persönlich, freilich oft in einer volkstümlich gefärbten Form. Auch ist die Bindung an bestimmte Örtlichkeiten verloren. Vielfach lassen sich die Stoffe der Legenden auf mittelalterliche »Predigtmärlein« oder »Beispiele« zurückführen, die das Volk zu gottgefälligem Lebenswandel ermahnten. Daß bei Sagen wie auch bei Legenden häufig sehr alte Inhalte aus vorchristlicher Zeit in etwas veränderter Form und mit neuen Namen dargeboten werden, ist der Forschung bekannt.

Der *Mythos* oder die Mythe ist jene überlieferte Erzählform, die ursprünglich religiösen Charakter hatte, in der übernatürliche Wesen herrschen — Götter, Heroen, Naturgeister — und vom Zuhörer gläubige Hingabe verlangt. Während Volkssagen gemeinhin von Erwachsenen nicht mehr buchstäblich geglaubt werden, verlangt der Mythos, daß sich der Mensch ernsthaft mit ihm auseinandersetzt. Er deutet den sonst oft undurchschaubaren Sinn der Weltordnung, warnt vor Frevel durch Übersteigen der eigenen Grenzen und sieht den menschengemäßen Kosmos in seiner gegenwärtigen Form als Werk der Übernatürlichen, in der Vorzeit entstanden, doch nach immer gültigen Regeln eingerichtet. Mythen sind vielfach dramatisch ausgestaltete Handlungen — aus einfachen Symbolen abgeleitet (J. J. Bachofen sprach von: »Exegesen von Symbolen«) und mit einer Eigengesetzlichkeit ausgestattet —, die den Regeln der Alltagsrealität nur bedingt folgen, aber im Hinblick auf einen »höheren Sinn« wahr sind. Der platte Rationalismus erkennt darin freilich nur Naivität, Unwissenheit, Abweichung von der »harten Wirklichkeit« und Mangel an wissenschaftlicher Reflexion, ohne die andersartige Zielsetzung des mythischen Empfindens einzusehen. Eine längst überwundene Schule der Völkerkunde traute dem »prä-logischen« Menschen der frühen Epochen nur eine Existenz in traumhaftem Zustand zu, ohne Kenntnis der Gesetze von Ursache und Wirkung. Er hätte auf diese Weise freilich kein Werkzeug herstellen und kein Feuer entzünden können — doch damit war in Wahrheit der Mensch immer vertraut. Nur wirklich denkfähige Menschen sind überlebensfähig.

Das rationale Überdenken durchschaubarer Zusammenhänge löst jedoch die Sinnfragen nicht, beantwortet nicht die Rätsel der menschlichen Existenz. Antworten erwachsen auch aus intuitiven Erkenntnissen, aus den Tiefenschichten der Persönlichkeit, aus dem großen Fundus der ererbten Weisheit und Erfahrung, die über das Einzelwissen weit hinausgeht. Wurde vielfach die klare Vernunft, der Logos, als einzig menschengemäße Stufe des Denkens angesehen und der Mythos dadurch abgewertet, so zeigt sich heute immer klarer, daß beide Formen des geistigen Erlebens ihre Berechtigung haben und ohne Bruch gemeinsam existieren können. Logik ist im Alltagsleben und in der Wissenschaft unabdingbar, doch mythisches Erleben bereichert die Persönlichkeit in einer anderen Dimension.

In der Geschichte der Wissenschaft spielt es eine größere Rolle, als vielfach angenommen wird. Intuitive Bildvisionen wurden nicht selten in die Alltagssprache übersetzt und erwiesen sich als brauchbare Denkmodelle. Ein bekanntes Beispiel dafür ist das in halb träumendem Zustand erlebte Bild des Uroboros, der sich in den Schwanz beißenden Schlange, das sich dem deutschen Chemiker August Kekulé von Stradonitz (1829—1896) aufdrängte, während er über die Molekülstruktur des Benzols grübelte. Die sich zum Ring schließende Kette ist der Benzolring, eine Grundformel der organischen Chemie. »Viele Künstler, Philosophen und sogar Naturwissenschaftler verdanken einige ihrer besten Ideen solchen Inspirationen, die plötzlich aus dem Unbewußten kommen«, schrieb C. G. Jung. »Die Fähigkeit, eine derartige Ader mit so reichhaltigem Material

Uroboros, die Schlange, die sich in den Schwanz beißt. Oben mit »Verwindung« in der griechischen »Goldmacherkunst der Kleopatra«, unten mit dem Zeitgott Demogorgon (Vicenzo Cartari, Venedig 1647).

zu entdecken und wirksam in Philosophie, Literatur, Musik oder naturwissenschaftliche Entdeckung zu übertragen, ist eines der Kennzeichen dessen, was man gewöhnlich als Genie bezeichnet.«

Der Uroboros ist übrigens ein altes Symbolbild des Kreislaufs, der Verknüpfung von Anfang und Ende, das in spätantiken alchimistischen Handschriften auftritt und als Weltgleichnis den griechischen Text »hen to pan« (das Eine ist das All) trägt. Eine oft reproduzierte Handzeichnung dieser Art fällt dadurch auf, daß der Schlangenleib an einer Stelle verdreht oder »verwunden« ist. Wer das Dimensionsmodell des »Möbiusbandes« kennt, wird sich bei dieser Darstellung an den verdrehten Ring aus einem Papierstreifen erinnert fühlen, der aus dem flachen (»zweidimensionalen«) Band ein Ding macht, »das nur eine Seite hat«; die Fläche des Bandes geht durch die Verkrümmung in die dritte Dimension über, ein absurder Gegenstand ist entstanden. Es ist vorstellbar, daß einst die exzentrischen Naturphilosophen ähnlichen Spekulationen nachgingen wie im vorigen Jahrhundert der Mathematiker August Ferdinand Möbius (1790–1868) und die spätantike Alchimie auf intuitivem Weg mehr über die Natur des Kosmos wußte, als ihr die Geschichte der Naturwissenschaft zutraut — daß also der Uroboros als echter Archetypus nicht erst bei der Konzeption des Benzolringes die Ideengeschichte des Abendlandes beeinflußte.

Der Begriff des *Archetypus* muß an dieser Stelle andeutungsweise erklärt werden. Die Jungsche Tiefenpsychologie benützt ihn etwas anders als die scholastische Philosophie und erklärt ihn als eine angeborene »Urprägeform«, als eine dem Menschen eigene Bereitschaft, ganz bestimmte Symbolbilder in diese Matrize einzugießen. Sie ruht im

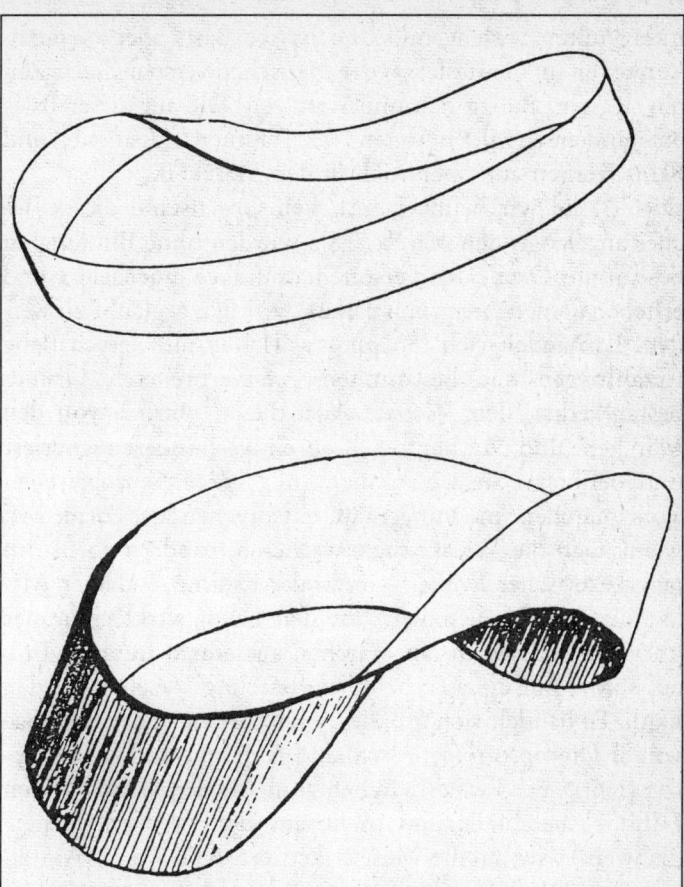

Das *Möbiusband*: das »Ding, das nur eine Seite hat«. Es besteht aus einem ringförmig zusammengeklebten, aber dabei einfach verdrehten Papierstreifen. Eine Seite geht in die andere über, und so entsteht das Modell eines in die dritte Dimension hinein gekrümmten zweidimensionalen Raumes. Es lohnt sich, dieses absurde Objekt herzustellen und dabei z. B. zu versuchen, einen der beiden Ränder fortlaufend mit dem Filzstift zu markieren ...!

unbewußten Seelengrund und ist die Basis aller Gemeinsamkeiten im Geistesleben der Menschen verschiedener Zeiten, Rassen, Religionen und Kulturen. Die auf dieser Basis entstandenen Bilder treten in Träumen, Visionen und Kunstwerken auf, aber auch in den Märchen.

Damit sind wir beim eigentlichen Gegenstand dieses Buches angelangt: den *Märchen*. Sie wurden ohne Bindung an bestimmte Orte oder Personen mündlich überliefert und erheben keinen Anspruch darauf, wirklich geglaubt zu werden. Es handelt sich um phantastisch-intuitiv geschaffene Erzählungen aus bestimmten, weitverbreiteten Grundbestandteilen, den *Motiven*. Von diesen wurden von den Märchen- und Mythenforschern einige hundert registriert und definiert. Sie treten nicht nur in den europäischen Volksmärchen in sinngemäß entsprechender Form auf, wenn auch die Versatzstücke variieren, sondern ebenso in jenen exotischer Völker — etwa der Eskimo, Indianer, Melanesier und Uraustralier. Für den Laien wirkt es immer überraschend, wenn ein Märchen aus einem fremden Erdteil sofort mit einer Typenklassifizierung versehen werden kann. Es handelt sich um die Typennummern der Kataloge von S. Thompson (1955—1958) und A. Aarne und S. Thompson (1961).* Ein Berbermärchen vom »Wasser, das nicht vom Himmel herabfällt und nicht aus der Erde entspringt« (Schweiß) wird auf die Weise etikettiert: ATh 850, 851 A: Rätselprinzessin. Jenes vom Prinzen, der die Tochter des Nomadenfürsten raubte, erweist sich als nordafrikanische Variante von ATh 516: Ferdinand der getreue und Ferdinand der ungetreue. Die Zahl der Märchentypen wie auch der

---

* Ausführliche Angaben zu den zitierten Büchern und Autoren finden Sie in der Bibliographie am Ende dieses Buches.

Grundmotive läßt sich anscheinend nicht grenzenlos vermehren. Der durch die psychische Struktur der Menschheit festgelegte Fundus an Bausteinen genügt offenbar, um die ganze Fülle von Situationen zu umfassen, in die sich die handelnde Person hineingestellt findet.

Die Art, wie diese Situationen bewältigt werden, ist dabei für die »Anderswelt« der Märchen charakteristisch. Held oder Heldin sind nicht wie in den Mythen selbst Übernatürliche (Götter, Heroen), sondern »Menschen wie du und ich«, gelegentlich sogar kleine und unscheinbare »Dummlinge«, Schneiderlein oder jüngste (nicht erbberechtigte) Kinder einer Familie, vom Schicksal Benachteiligte, die sich durch Pfiffigkeit, ihr gutes Herz und ihr angeborenes Verständnis für Schlüsselsituationen der Hilfe aus der Übernatur versichern können. Ihnen stehen hilfreiche Tiere, sprechende Bäume, ja selbst dankbare Totengeister zur Seite und tragen dazu bei, daß auch scheinbar Schwache nicht untergehen. Die hier herrschende Weltordnung ist, so der Volkskundeforscher Leopold Schmidt, die einer »anderen Wirklichkeit; wir befinden uns in der Welt der Symbole, der kennzeichnenden Bilder, die ihre Bedeutung in sich tragen«. Sie werden von den Erzählern immer wieder — meist ohne historisch erfaßbaren Zusammenhang — zu gleichartigen Gestaltungen und Motivketten zusammengeschlossen.

Die Requisiten allein ändern sich je nach dem kulturellen Kontext. Was in Europa ein Zauberschwert ist, kann anderswo als wunderkräftige Keule auftauchen, und der böse Wolf ist in Asien ein anderes Tier, etwa der Tiger. Der Märchenheld (oder die Heldin) bedient sich nicht vorwiegend der Waffen der Alltagswelt, sondern agiert wie der Mensch einer Epoche mit Kenntnis der Naturmagie. Die Hauptperson, mit der sich der Erzähler wie auch der Zuhörer identifiziert, hat Kontakt mit dem übernatürlichen Bereich, versteht die geheimen Sprachen außermenschlicher Wesen und die Gesetze des Verhaltens, die der »bloß Vernünftige« nur zu oft übersieht. Die märchenbildende Phantasie wurde durch Jacob Grimm als »die eingeborene Kraft des Wiederfindens urbildlicher Strukturen« bezeichnet, die Märchen selbst als Niederschlag einer bildhaften Auffassung übersinnlicher Dinge, die auf ein bestimmtes Ziel zustrebten: auf das Happy-End, die glückliche, allgemein befriedigende Problemlösung. Erzähler und Hörer sind sich in dem Bestreben einig, nicht im Vakuum eines »offenen Endes« oder im Unglück eines Scheiterns aller Bemühungen zu verharren, sondern die existentiellen Aufgaben glücklich bewältigen zu können.

Damit haben wir auch bereits etwas über die Triebfedern erfahren, die den Gang der Erzählung leiten. Menschen, die sich selbst als keineswegs vom Glück übermäßig begünstigte Geschöpfe empfinden, vertrauen auf die ihnen innewohnende »archetypische« Weisheit der ererbten Erfahrung und streben danach, wie die Gestalten ihrer Erzählungen so zu leben, wie es ihnen die uralten Gaben und Gesetze nahelegen: im Vertrauen auf eine zum Guten hin angelegte Weltordnung, auf verachtete und verdrängte Fähigkeiten und Talente und eine »Naturklugheit«, die mit jener der Alltagswelt wenig zu tun hat. Was die moderne Parapsychologie tastend zu definieren sucht, ist im Märchen unbestritten vorausgesetzt: daß der Tod des Leibes nicht das absolute Ende des Menschen ist, sondern daß er weiterwirken kann; daß es verborgene Fähigkeiten gibt, die zu normalerweise unerklärlichen Leistungen begabt machen; daß Künftiges unter bestimmten Voraussetzungen vorhergesehen werden kann; daß der Mensch lernen kann, sich »geheime Künste« anzueignen, die ihn auf spirituelle Weise über die Masse seiner Zeitgenossen erheben. Damit stellt sich die Frage, ob etwas davon in der Tat in die Realität der Alltagswelt übertragen werden kann oder ob alles Wunschtraum bleiben muß. Darauf wollen wir später eingehen.

Das Wort *Märchen* ist übrigens in dieser Form erst seit dem 15. Jahrhundert bezeugt. Es handelt sich um eine Verkleinerungsform von Mär, Märe (d. h. Kunde, Nachricht) aus dem mitteldeutschen Raum, die das oberdeutsche »Märlein« verdrängt hat. Es soll sich also um eine »Kunde in kleiner Form« handeln, um eine bescheidene Erzählung, die auf jeden Anstrich von großer Bedeutsamkeit verzichtet. Das althochdeutsche »māren« hatte als Vorstufe die Bedeutung von »rühmen, Großes verkünden«. Das ihm zugrundeliegende Eigenschaftswort mit dem Sinn von »groß, berühmt, bedeutend« ist nur in Eigennamen wie Volkmar, Dietmar, Reinmar, Ingomar erhalten geblieben. Dem Märchen liegt jeder Anspruch auf Ruhm und Größe fern — es blieb die schlichte Erzählform, die sich selbst erniedrigte, um erst durch die Forschung der letzten Jahrzehnte erhöht und in ihrer Bedeutung erkannt zu werden.

Im Süden des deutschen Sprachraumes war statt von Märchen oft einfach von »G'schichten« die Rede, deren nicht vorhandener Anspruch an Glaubwürdigkeit im Alltagssinn nicht verhehlt wurde. Wenn der Märchenerzähler Johann Brückner als Wanderschneider abends bei Bauern um Unterkunft bat, so berichtet aus der Steiermark Karl Haiding, fragten diese oft: »Kannst guat lüagn?« Da er diese Frage bejahen konnte, wurde er gern aufgenommen. »Unter ›Lügen‹ verstanden die Gastgeber Geschichten, die man nicht glauben muß, aber mit Vergnügen anhört« — sie benutzten das Wort also ohne moralische Abwertung. Das freie Spiel der Phantasie wurde vorausgesetzt und die Bindung an die seit Jahrhunderten ererbte und mündlich weitergegebene Tradition nicht beachtet. Daß in den Märchen eine völlig »ungelogene« andersartige Wahrheit als jene der Realität des Alltags steckt, wurde erst in neuerer Zeit erkannt. Hans Peter Duerr erwähnt in seiner »Traumzeit« den Satz eines Märchenerzählers: »Disse Geschicht is lögenhaft to vertellen, aver wahr is se doch.«

Natürlich gibt es auch echte, scherzhaft gemeinte *Lügenmärchen*, vergleichbar mit dem »Philopseudes« des Lukianos von Samosata (120—180 n. Chr.), doch die Volksmärchen im engeren Sinn lassen sich als Produkte der durch vorgegebene Motivketten gesteuerten Phantasie auffassen — je nach der Kreativität der einzelnen Erzähler knapp und dürftig oder blühend-blumenreich gestaltet.

Humoristische Elemente verbinden die Lügenmärchen, die meist von grotesken Verdrehungen und Übertreibungen leben, mit den *Schwänken*. In diesen offenbart sich derber Volkshumor, und sie wurden daher eher selten in die Märchensammlungen des 19. Jahrhunderts aufgenommen. Unzweifelhaft spielten sie jedoch im Erzählgut des Dorfes (beim Spinnen, Federnschleißen, Maisschälen) eine größere Rolle, als dies heute erkennbar ist. Schwankhafte Erzählungen wurden mit der Ausbreitung der europäischen Zivilisation auch in andere Erdteile übertragen. Die heute in Oklahoma (USA) ansässigen Nachkommen des Huronen-Stammes, die Wyandot, erzählten z. B. den in Europa bekannten Schwank, in dessen Verlauf ein Schelm Krebse mit auf den Panzer geklebten Kerzenstümpfchen auf dem Kirchhof umherkriechen läßt, um die Auferstehung der Toten vorzutäuschen. Die Elemente der lustigen Geschichte tragen so deutlich ihre europäische »Geburtsurkunde« mit sich, daß niemand sie für bodenständig halten wird.

Künstlich wirken auch die *Fabeln*, die — ähnlich wie die Legenden — deutlich lehrhaften Charakter haben und Verhaltensmaßregeln eindringlicher gestalten, indem in ihnen symbolhafte Tiere die Hauptrolle spielen. *Kunstmärchen* von Dichtern schließlich entlehnen häufig das bunte Kleid der Volksmärchen, um satirische oder treuherzig-kindliche Gedankengänge bildhaft darzubieten. Die französischen Feenmärchen des 18. Jahrhunderts fanden gelegentlich auf dem Weg über das Buch Eingang in des einfachere Erzählgut Mitteleuropas.

Ein nordeuropäischer Sammelbegriff ist *Saga*, der im engeren Sinn eine novellenartige Geschichte mit realem Hintergrund bezeichnet, knapp und prägnant in der Diktion und nicht selten mit mythischen, sagenartigen und märchenhaften Motiven angereichert. Hier ist die Synthese des Glaubhaften und des immer wieder hereinreichenden Übernatürlichen — auch Spukhaften — wohl am konsequentesten durchgeführt. Diese Einheit war besonders in Island noch in einer Zeit lebendig, in der in Mitteleuropa die Märchen nur noch der Unterhaltung dienten. Wir wollen in diesem Buch den Spuren einer Epoche folgen, in welcher das Erzählgut (»Saggut«) etwa jenes Gewicht besaß wie die Saga in den nordischen Bereichen — in der die andersartige Wesenhaftigkeit dieser überlieferten Geschichten anerkannt war. »Märchenland« ist ein Wort, das Unwirklichkeit, Traumhaftes und Naivität mitschwingen läßt; daher soll »Sagaheim« eine Realitätsebene bezeichnen, die von der harten Alltagswelt verschieden ist, aber ihre eigenen Gesetze mit aller Ernsthaftigkeit bewahrt hat.

Die Reise in diesen altertümlichen Kosmos wird viele überraschende Einblicke in die Geistesgeschichte der Menschheit und in die im Inneren eines jeden von uns ruhenden Seelenschichten eröffnen. Wer an dieser spirituellen Expedition teilnimmt, kann die Pforte zu einer halbvergessenen Kammer im großen Haus der Seele aufschließen und eine Erlebnistiefe erfahren, die an Gehalt den märchenhaften Schätzen von Gold und Edelgestein vergleichbar ist. Der Wanderer auf dem Möbiusband befindet sich unversehens in einem anderen Kontinuum, in einer neuen Dimension des Erlebens, ohne seine eigene Èxistenz deshalb aufgeben oder vernachlässigen zu müssen — er kehrt unbeschadet wieder dorthin zurück, und er hat die Möglichkeit, die in einer anderen Welt erworbenen Geistesgüter in seinen alltäglichen Lebensbereich mitzunehmen.

Es sollte übrigens niemand daran Anstoß nehmen, daß die Märchenwelt statisch wirkt und von Königen regiert wird — von revolutionärem Wunsch nach Veränderung ist hier nichts zu spüren. Der König ist aber ein altes Symbol für die Mitte der Persönlichkeit, und jeder, der seine ihm zugedachten Aufgaben löst, kann König werden. Was im historischen Sinn alte Herrschaftsformen widerspiegelt — denn viele Märchen tragen die Signatur vergangener Epochen in sich —, bedeutet für den Psychologen einfach »Überzeitlichkeit«. Gesellschaftliche Umwälzungen der neuen Zeit haben an dem Fundus der überlieferten Bilder noch keinen Anteil. Auch in Träumen kommen Kronen häufiger vor als Parteiabzeichen! Wir können die alten Märchen von verschiedenen Standpunkten aus nach ihrem Gehalt befragen, aber auf kluge Fragen werden sie immer kluge (wenn auch wieder verschiedenartige) Antworten geben.

Nicht zu verkennen ist freilich, daß die Weitergabe der Märchen in unserer Zeit bereits fast ausschließlich auf gedruckte Vorlagen angewiesen ist. Die Kette der mündlichen Überlieferung ist praktisch überall in Europa abgerissen, und auch in anderen Erdteilen und Kulturen sind die Möglichkeiten, noch lebendige Erzähltraditionen anzutreffen, sehr zusammengeschrumpft. Bereits 1956 konnte der Verfasser in dem damals noch portugiesischen Moçambique nur noch Fragmente von jenen halb märchen-, halb sagenartigen Geschichten erfahren, die einst der Afrikaforscher Leo Frobenius (1873—1938) in diesem Raum und im angrenzenden Südrhodesien (heute Simbabwe) sammelte. Jetzt werden auch sie vergessen sein.

Wir wissen, daß in Rumänien ethnische Traditionen in unseren Tagen bewußt ausgelöscht werden. Noch 1974 erschien in Bukarest das Buch »Märchen und Sagen aus dem Banater Bergland« von W. Tietz. Darin werden bekannte Themen in origineller Variation wiedergegeben. Stätten und Gelegenheiten des Märchenerzählens, schreibt der Herausgeber, »waren und sind teilweise auch noch heute die Küche und das Wohnzimmer des Kolonie- oder des Arbeiterhauses, wo nach Feierabend die Familienmitglieder, Nachbarn und Freunde zusammenkamen; um einen guten Erzähler versammelten sich auch zwanzig Personen. Es wurde beim Federnschleißen erzählt und bei der Totenwacht, dann in den Arbeiterbaracken, am Lagerfeuer um die Hütte der Holzschläger und Kohlenbrenner im Wald. Früher wurde auch im Werk die Wartezeit bei den Martinöfen vor dem Anstich, die Ruhepause im Bergwerk mit Märchenerzählen ausgefüllt. Mehr, als man sich denkt, wurde das Märchenerzählen beim Militär, in der Kaserne, gepflegt. So manches Märchen wurde von der Wanderschaft aus der Wanderherberge heimgebracht... Es gab eine große Zahl von ausgezeichneten Erzählern und Erzählerinnen ... Wir haben noch vier Träger dieser Erzähltraditionen zu Lebzeiten angetroffen.« All das ist heute längst Geschichte.

Für das Abreißen der alten Traditionsketten sind aber Zwangsmaßnahmen gar nicht erforderlich. Der österreichische Märchenforscher Karl Haiding (1906—1985) erzählte oft, wie er noch in den fünfziger Jahren mit dem schweren und unhandlichen Tonbandgerät dieser Zeit Bergbauernhöfe und Almhütten aufsuchte, um das volkstümliche Erzählgut wortgetreu zu dokumentieren. Seit es aber überall das Radio gibt, meinte er, ist es damit aus, und das Fernsehen hat auch die letzten Spuren ausgelöscht.

Eine Rückbesinnung erfolgt in der letzten Zeit weniger in bäuerlichen Kreisen, obwohl es manche Heimatforscher gibt, die sich Traditionspflege zur Aufgabe gemacht haben. Wichtiger ist aber sicherlich das steigende Interesse, das heute den alten Überlieferungen auf universitärem Boden entgegengebracht wird. Freilich haben sich dabei die Akzente verlagert. Es geht weniger um die naive Erzählfreude selbst; häufiger wird nach dem Sinngehalt, nach dem Alter und der Überlieferungsform der Märchenmotive gefragt. Vereinigungen wie die »Europäische Märchengesellschaft« liefern wertvolle Beiträge zu einschlägigen Forschungen.

Dieses Buch soll — in erster Linie aufgrund der klassischen »Kinder- und Hausmärchen« der Brüder Grimm — dazu beitragen, das Erfahrungsgut von unzähligen Generationen am Leben zu erhalten — oder wiederzubeleben. Die Situation ist so ähnlich wie bei dem einst erfolgreichen Versuch, die Wisente nicht aussterben zu lassen. Die letzten Überlebenden wurden erfaßt und zusammengeführt; sie wurden zu Ahnen einer heute wieder recht stattlichen Anzahl von

Individuen in Naturschutzgebieten und Tierparks. Es war eine Rettung in letzter Minute.

Wir wollen hier versuchen, einige Aspekte des Traditionsgutes vorzuführen — »Expeditionen nach Sagaheim« zu unternehmen. Verschiedene mögliche Arten der Auseinandersetzung mit den Märchen werden dargeboten. Im Anhang zeigt L. Eschenbach Wege zur »Märchenpraxis« auf.

SCHNEEWITTCHEN — NAGITSCHIGUMMINI

Die Bedeutung der tiefenpsychologischen Schule von C. G. Jung (1875—1961) wurde in breiteren Kreisen erst im Laufe der letzten Jahrzehnte erkannt. F. Klatt hat bereits 1939 einfach formuliert, wodurch diese Lehre für die Märchenforschung wichtig ist: »Alles Geschaute, alles Erfahrene, seitdem Menschen sind, ist als dunkles Wissen in uns enthalten. Jung in seiner psychologischen Lehre nennt es das kollektive Unbewußte. Es ist das, was alle Menschen in ihren Träumen zu typisch ähnlichen Bildern hinführt, was in den Märchen und Sagen der ganz verschiedenen Volksseelen zu dem gleichen Verlauf der Geschichte führt. Die Königstochter und der Drache, die böse Hexe, die hilfreiche Schwester, das hat es immer und überall gegeben. In jedem Kind wird das alles als Vorstellungsbild wieder auftauchen. Das Kind würde die Märchen träumen, auch wenn es sie nicht erzählt bekäme.«

Um all dies nicht bloß als graue Theorie zur Sprache zu bringen, soll hier ein Märchen der Menomini-Indianer (im heutigen US-Staat Wisconsin beheimatet) in Kurzfassung wiedergegeben werden. Darin ist von einem kleinen Mädchen die Rede, das aus dem Schlaf erwacht, nicht weiß, wo es sich befindet, und schließlich an einem Fluß entlangwandert. Es stößt auf immer deutlichere Spuren von Menschenwesen — auf immer frischere Baumstrünke — und kommt schließlich zu einem Waldhaus.

Sie schob die Türmatte beiseite und trat ein. Aber niemand zeigte sich. Das Herdfeuer rauchte und glimmte noch ein bißchen. »Hier sind noch heute Menschen gewesen. Wahrscheinlich kommen sie bald wieder. Ich will hierbleiben und auf sie warten.«... Zehn Lagerstätten befanden sich längs der Wände, auf jeder lagen schöne Felle. — Sie holte Feuerholz und stöberte das Feuer auf, daß es warm brannte. Sie sammelte auch noch ein paar Bündel Feuerholz und legte sie daneben... Sie kochte genug Fleisch zu einer reichlichen Mahlzeit und stellte den Topf neben das Feuer, damit er warm bleibe. Als sie nun alles schön gerichtet hatte, fühlte sie sich müde, denn sie war die letzten Tage weit gegangen. »Ich will ein wenig schlafen, bis jemand kommt.« Sie legte sich auf das erste Bett, aber die Decke war ihr viel zu schwer. Jedes Bett war ein wenig kleiner als das vorige; sie versuchte eines nach dem anderen. In dem letzten und kleinsten blieb sie liegen, deckte sich zu und schlief ein. — Von einem mächtigen Gepolter wachte sie auf. Ein großer, breiter Mann kam herein. Er rief erstaunt: »Wer hat schon Feuerholz geholt?« Gleich hinter ihm kam ein zweiter, der nicht ganz so groß war wie der erste. Er fragte: »Wer hat das Feuer aufgestöbert?« Der dritte rief: »Wer hat so schön aufgekehrt?« Der vierte: »Wer hat frisches Wasser gebracht?« — So fand ein jeder, daß seine gewohnte Arbeit schon getan war... Sie freuten sich sehr. Zuerst wollte das Mädchen aus den Fellen hervorkriechen, aber dann fürchtete es sich vor den vielen großen Männern und blieb still liegen.

Endlich schickten sich die Männer an, schlafen zu ge-

hen. Der älteste ging zu seinem Lager. Als er sich hin-
legen wollte, bemerkte er, daß dort die Felle verscho-
ben waren. »Wer hat an meinen Fellen gezupft?« Der
zweite sagte dasselbe, der dritte ebenso, bis der kleinste seine Felldecken aufhob und das Mädchen dort
liegen sah. Er rief: »Wer liegt in meinem Bett? Ihr
Brüder — kommt und seht nur, was ich hier Hüb-
sches gefunden habe!« Sie umstanden lachend das
kleine Mädchen, das vor Angst am liebsten davonge-
laufen wäre. Der größte von den Brüdern hob es heraus, brachte ihm zu essen und sprach dann: »Heute
hatten wir einen guten Tag. Dieses kleine Mädchen
wird nun bei uns bleiben und unsere Hütte besorgen. Dann haben wir immer etwas Schönes zu erwarten, wenn wir heimkommen. Wir müssen auch einen guten Namen für sie finden. Ich meine, wir nennen sie Nagitschigummini, das ist: Sonne-auf-dem-
Heimwärtspfad.« Alle freuten sich, am meisten das
kleine Mädchen selbst. Es hatte ja zehn starke, gute
Männer als Onkel erhalten.
Sie lebte nun hier und besorgte das Kochen und alles,
was es sonst in der Hütte zu tun gab. Jeden Morgen
zogen die zehn Brüder fort und kamen erst abends
heim. Beim Fortgehen legte ein jeder gewaltige Flü-
gel an und verwandelte sich in einen Vogel mit star-
kem Schnabel und feurigen Augen — in einen der
Donnervögel. Nur daheim nahmen sie wieder ihre
menschliche Gestalt an ... (frei nach H. Rieder 1939).

Es wird wohl keinen Leser aus dem deutschen Sprachraum
geben, der sich dabei nicht an das Grimm-Märchen vom
Sneewittchen (so die plattdeutsche Originalform von

»Schneewittchen«) erinnert. In der Originalausgabe von 1812 heißt es:

... Sneewittchen aber war in dem großen Wald mutterseelig allein, so daß ihm recht Angst ward ... Endlich, als die Sonne untergehen wollte, kam es zu einem kleinen Häuschen. Das Häuschen gehörte sieben Zwergen, die waren aber nicht zu Haus, sondern in das Bergwerk gegangen. Sneewittchen ging hinein und fand alles klein, niedlich und reinlich ... (dann) probirte es die sieben Bettlein nach einander, keins war ihm aber recht, bis auf das siebente, in das legte es sich und schlief ein ... Wie es aber Nacht war, kamen die sieben Zwerge von ihrer Arbeit heim, und steckten ihre sieben Lichtlein an, da sahen sie, daß jemand in ihrem Haus gewesen sei. Der erste sprach: »wer hat von meinem Tellerchen gegessen?« Der zweite: »wer hat von meinem Brötchen genommen?« ... Darnach sah sich der erste um und sagte: »wer hat in mein Bettchen getreten?« Der zweite: »ei, in meinem hat auch jemand gelegen?« und so alle weiter bis zum siebenten, wie der nach seinem Bettchen sah, da fand er das Sneewittchen darin liegen und schlafen. Da kamen die Zwerge alle gelaufen, und schrieen vor Verwunderung, und holten ihre sieben Lichtlein herbei, und betrachteten das Sneewittchen, »ei du mein Gott! ei du mein Gott!« riefen sie, »was ist das schön!« ... Da hatten die Zwerge Mitleiden und sagten: »wenn du unseren Haushalt versehen, und kochen, nähen, betten, waschen und stricken willst, auch alles ordentlich und reinlich halten, sollst du bei uns bleiben und soll dir an nichts fehlen; Abends kommen wir nach Haus, da muß das Essen fertig seyn, am Tage aber sind wir im Bergwerk und graben Gold, da bist du allein ... laß niemand herein.«

Wir wissen, wie es dem Schneewittchen erging, das von der hexenhaften Stiefmutter verfolgt wurde. Auch Nagitschigummini erging es bei den Donnerern ganz ähnlich. Ihr stellte ein böser alter Mann nach, in Wirklichkeit »die Schwarze Haarige Schlange«, und von diesem dämonischen Wesen wurde sie schließlich entführt und in ein Brunnenloch geworfen. Dabei »vergingen ihr plötzlich die Sinne, daß sie in das tiefe Wasserloch hinabstürzte. Sie sank bis auf den Grund. — Nagitschigummini erwachte. Rings um sie lagen zehn scheußlich Haarige Schlangen ...«

Den Sturz durch einen Brunnen, der zu einer »Anderswelt« führt, werden wir später näher betrachten. Nagitschigummini wird von einer alten Frau bewacht, der Mutter der Schlangendämonen, doch bald ruft sie ihre Oheime, die Donnerer, herbei. Diese kommen in Vogelgestalt herangebraust und werfen ihre Keulen auf das Dach des steinernen Gelasses, bis es in Stücke bricht und die Schlangenwesen erschlagen werden — nur die alte Frau wird verschont. Nun überlegen die Donnerer, wo sie ihren Schützling während ihrer Abwesenheit sicher verbergen könnten, und setzen das Mädchen in eine Astgabel. Der kleinste der Oheime sagt dann:

»Laßt unsere Nichte hier im Baum bleiben, wo sie jetzt ist — dort oben werden sie die schlimmen unterirdischen Schlangen nicht erreichen. Wenn sie singt, hören wir sie von weitem. Wir kommen dann vom Süden und Westen herbei.« So geschah es auch.

33

Nagitschigummini wurde der kleine grüne Laubfrosch, der sich immer in den Bäumen aufhält. Er
kommt im ersten Frühjahr und ruft die Donner herbei. Darum gibt es in dieser Jahreszeit so viele Ge-
witterstürme. Auch während des Sommers ruft sein
Singen häufig die Donnerer herbei — sie hören es
und kommen meist mit Blitz und Donner heran.
Wenn die Indianer der alten Zeit Regen wünschten,
brachten sie dem kleinen grünen Laubfrosch Opfer-
gaben, und der rief dann seine mächtigen Onkel ...

Das Haus im Wald mit den leeren Betten, die ausprobiert
werden, die Adoption des heimatlosen Mädchens durch die
Übernatürlichen, der Brunnensturz, die Nachstellung
durch feindliche Mächte, der Gestaltwandel Mensch/Frosch
— all das sind Züge, die wir aus dem europäischen Erzählgut kennen. Ein glückliches Ende gibt es auch im Indianermärchen, doch ohne Glassarg und Prinz. Das Szenario ist
rein indianisch — mit Donnervögeln, Schlangendämonen
und der innigen Verbundenheit der Menschen mit dem
kleinen, regenrufenden Frosch. Wir könnten vermuten,
daß sich das Grimm-Märchen spät in die indianische Welt
hineingeschmuggelt hat, doch sind die Unterschiede groß
und typisch genug, um den Gedanken an eine aufgepfropfte
Pseudo-»Buchtradition« wieder aufzugeben.
Das Schneewittchen-Märchen ist auch in der Alten Welt
mit vielen Abweichungen (auch hinsichtlich der Zahl der
»Oheime«) vertreten. So verzeichnen J. Bolte und G.
Polívka in ihren »Anmerkungen zu den Kinder- und Hausmärchen der Brüder Grimm« zahllose Varianten des
Schneewittchen-Märchens. Die Heldin heißt flämisch
Sneeuwitteken, dänisch Snehvide, norwegisch Snofri, grie-

chisch Marula und albanisch Marigo. Es gibt schottische, französische, italienische, katalanische, portugiesische, baskische, rumänische, tschechische, slowakische, lettische, bulgarische, litauische, serbokroatische, wendische und polnische Versionen, aber auch solche aus Indien, Algerien und von den Rif-Kabylen. Die einzelnen Motive sind nicht überall erhalten, und auch die Zahl der Gastgeber des Mädchens variiert — ebenso ihre Natur. Puschkin hat das »Märchen von der toten Zarentochter und den sieben Rittern« nacherzählt, in Weißrußland sind es hingegen zwölf Räuber. Im türkischen Märchen handelt es sich um drei Jäger, in Algerien um sieben Dschinne (böse Geister). Auch das ungarische Schneemädchen wird von zwölf Räubern beschützt. Die sieben Berge der uns bekannten Version sind im schwedischen Märchen sieben Goldberge. In der iranischen Fassung heißt es: »Über sieben Berge mußt du setzen, wo Schar um Schar furchtbarer Diwe (Geister) dir begegnen...« Eine Fassung aus dem alten Wien des Jahres 1822 berichtet von drei Schwestern; die jüngste, unser Schneewittchen, wird von den beiden anderen gehaßt und mit einem Laib Brot und einem Krug Wasser in die Welt hinausgeschickt. Die beiden bösen Schwestern daheim hören: Die schönste ist auf dem Glasberge, wohnt bei den kleinen Zwergen... Ganze Monographien wurden dem Schneewittchen-Märchen gewidmet (E. Böklen 1910). Die sieben Berge wurden u. a. mit den sieben Hügeln der Stadt Rom verglichen. Wir wollen hier nur festhalten, daß diese dramatische Märchenerzählung vom verfolgten Mädchen, das von einer Schar von übernatürlichen oder wenigstens »kulturflüchtigen« Wesen adoptiert und behütet wird, irgendwann einmal auch die Neue Welt erreicht haben muß. Märchen wanderten zusammen mit den Menschen, die sich über die

Erde ausbreiteten, schlugen Wurzeln auf fremdem Boden und kleideten sich dementsprechend neu ein. Trotz aller Verkleidung ist das Märchen jedoch auch dann noch deutlich erkennbar, und sogar Dialoge werden beibehalten.

Unsicher ist, ob die Ähnlichkeit oder Gleichartigkeit der Motive und ihrer Verkettungen an verschiedenen Orten in der Tat durch »Wanderungen« zu erklären ist oder aber durch den überall gleichartigen Fundus an seelischem Basismaterial. Die Jung-Psychologie stellt die Allgegenwart der Archetypen in den Vordergrund, die Ethnologie eher vor- und frühgeschichtliche Kontakte zwischen den Menschen entfernter Räume. Dadurch können die Bilder von einem Erdteil zum anderen übertragen worden sein, wenn auch das jeweilige Lokalkolorit dem neuen Lebensraum angepaßt wurde. Vermutlich ist das Problem nicht allgemeinverbindlich auf die eine oder andere Art lösbar; denn in der Tat gab es vergessene Wanderzüge und Seereisen in sehr alten Epochen, und ebenso unbezweifelbar ist auch, daß Parallelitäten spontan in Erscheinung treten können. Sicher ist jedenfalls, daß bis ins kleinste Detail gehende Entsprechungen auch in Märchen aus geographisch weit voneinander entfernten Gebieten auftreten — daß sich die Typenindexnummern von Aarne und Thompson auch bei den Märchen exotischer Völker anwenden lassen. Es ist, als würde das Erzählen den Geweben aus ererbten Fäden sofort eine Art von Eigengesetzlichkeit verleihen und eine erstaunliche Gleichartigkeit des Erzählgutes provozieren.

Einst gab es eine einsam gelegene Quelle, den Menschen unbekannt. Dort badeten die Himmelsfeen. Eines Tages verirrte sich dorthin ein Holzfäller und überraschte die Badenden, die ihre Kleider am Ufer abgelegt hatten. Der Holzfäller nahm eines der Feengewänder an sich. Als die Feen wieder zum Himmel davonflogen, mußte eine von ihnen zurückbleiben. Seufzend folgte sie dem Mann und wurde seine Frau. Er versteckte das Feengewand auf dem Boden seines Reisspeichers ...

Wir kennen dieses »Schwanenjungfrau-Motiv« (ATh 400) gut genug, um den Fortgang der Erzählung zu erraten. Die auf die Erde herabgezwungene Ehefrau aus der Himmelsregion findet eines Tages ihr Kleid und fliegt davon — trotz aller Versuche bleibt es dabei, daß sich »Himmel und Erde nicht berühren können«. Das Märchen stammt aus Vietnam. Beispiele dieser Art ließen sich fast unbegrenzt vermehren — nur sehr selten werden Märchenforscher durch anscheinend freie Gestaltungen des Erzählgutes in Verlegenheit gebracht und können exotischen Märchen keine Typennummer hinzusetzen.

Während in diesen Märchen der Held sich seine Gefährtin erobert, wenn auch nur für einen begrenzten Zeitraum, gibt es zahlreiche Märchentypen, in welchen Frauen offenbar wichtigere Rollen spielen. Dies ist nicht nur im religiösen Bereich der Fall, wie in einem späteren Abschnitt über die Hüterinnen des Schicksals dargelegt werden soll. Auch im Hinblick auf die soziologischen Umstände war das weibliche Geschlecht mit einer größeren Bedeutung ausgestattet, als uns dies meist zu Bewußtsein kommt. Es geht hier um die Verknüpfung des Erbrechts mit der weiblichen Linie, um das oft diskutierte Mutterrecht, das häufig unkritisch mit einem Matriarchat (einer Mütterherrschaft) zusammengeworfen wird. Eine Gesellschaft unter der tyrannischen Regierung von Frauen, die unterjochte Männer knechteten, hat es nie gegeben. Menschengruppen mit einigermaßen gleichmäßig unter beiden Geschlechtern verteilten Aufgaben und Verantwortungsbereichen sind hingegen nachweisbar und werden vielfach als Matriarchate bezeichnet.

Das Erbe mit der weiblichen statt mit der männlichen Linie zu verbinden ist eine Eigentümlichkeit vieler alter Kulturen, offenbar aus der Überlegung abgeleitet, daß der Körper jedes Menschen aus dem der Mutter hervorgeht und diese an ihm größeren Anteil hat als der Erzeuger. Der Gatte ist dann der Funktionär der rechtsbesitzenden Frau, an deren Hand das Erbe geknüpft ist. Dieser Erbgang war unter anderem bei den Kelten Westeuropas üblich und dürfte dort von vorindogermanischen Kulturen übernommen worden sein. Daß die alten Märchen diese Ordnung getreu konserviert haben, ist nicht zu verkennen.

Wir müssen nur daran denken, daß fahrende Handwerksburschen, pfiffige Bauernsöhne ohne eigenen Besitz, ja selbst arglose Dummköpfe, die das Fürchten lernen wollen, ohne weiteres ihr Glück machen können. Mit Mut, angeborener Lebensklugheit und übernatürlicher Hilfe gelingt es ihnen, die Hand der Königstochter »und dazu das halbe Königreich, und nach dem Tod des Königs dann das ganze« zu erringen. Nach ihrer Herkunft oder Ebenbürtigkeit wird, ganz anders als in den in neuerer Zeit geläufigen Erbregeln, nicht gefragt — für den Einstieg in die Herrschaft genügte es offensichtlich, daß der Kandidat der allein erbberechtigten Tochter imponierte; dann wurde er als ausführendes Organ ihrer potentiellen Macht legitimiert, führte die »Außenpolitik« der in Frage stehenden Kleinkönigreiche oder Häuptlingstümer und regelte alle Streitigkeiten mit Nachbarn. Die Frau selbst war keine Tyrannin, sondern galt als

Trägerin der Erbfolge und hatte das Recht, sich den tüchtigsten Verteidiger ihres Besitzes auszuwählen. Erwies er sich als Versager, so konnte sie ihn unbeschadet wieder verabschieden, wovon in den Märchen allerdings nichts mehr erwähnt wird.

Die neuere Märchenforschung geht freilich vielfach von der Annahme aus, daß die Heiraten der Helden nicht buchstäblich aufzufassen sind, sondern im symbolischen Sinn das Erreichen einer psychischen Ganzheit (Geist und Seele, Geist und Körper) bedeuten. Aber auch wenn dies zutrifft, könnte der Gang der Erzählung nicht an völlig undenkbare Erbfolgeregeln geknüpft worden sein; nur dann, wenn es ein reales Modell für das Erheiraten der Prinzessin durch den landfremden Abenteurer gab, konnte es auch als Prototyp für symbolische Hochzeiten herangezogen werden.

Wir sehen, daß vieles in den Märchen altertümlich wirkt, auch wenn sich nur sehr selten ein exakt faßbarer chronologischer Ansatzpunkt für die wahre Bedeutung der einzelnen Motive finden läßt. Der wichtige Charakterzug zahlloser Märchen, daß jemand seine heimatliche Welt verläßt, um »in der Fremde sein Glück zu machen«, ist kaum mit realen Emigrationen in Zusammenhang zu bringen, sondern eher mit einem rituellen »Aufbruch zu neuen Ufern«, der mit dem religiösen Überlieferungsgut der altertümlichen Gesellschaftsformen zusammenhängt.

EINWEIHUNG, TOD UND
NEUGEBURT

An dieser Stelle ist es nötig, kurz auf das Begriffsfeld »Jugendweihe und Einweihung« einzugehen. Es spielt vielfach in Märchen und Mythen eine größere Rolle, als normalerweise erkannt wird.

Viele alte Kulturen kennen Übergangsriten, die den Schritt eines Menschen in einen neuen Reifezustand kennzeichnen; auch ganze Menschengruppen können solche Übergänge gemeinsam begehen, etwa alle Jugendlichen eines Volksstammes oder einer Dorfgemeinschaft (»inklusive Reifefeiern«); demgegenüber gibt es auch Einweihungen von Einzelmenschen, die sich als auserwählt betrachten, um einen aus der Mitmenschheit herausragenden Status zu erreichen (»exklusive Einweihungs- oder Initiationsriten«). Solche Übergänge werden immer von einem traditionell festgelegten Ritual begleitet — nicht nur in den Schrift- und Stadtkulturen (»Hochkulturen«), sondern auch auf dem einfacheren Stadium der schriftlosen Stammesgesellschaft. Grundlegend ist dabei immer der Gedanke, daß ein Schritt in eine neue, erfülltere Lebensphase nicht formlos und ohne Auseinandersetzung mit allen Schichten der Persönlichkeit vor sich gehen kann; ebenso, daß hierfür eine behutsame Führung und Einstimmung durch Weise, Wissende, Meister, Mentoren notwendig ist. Dabei werden die zu vermittelnden Inhalte nicht rasch und konzentriert in einem Zug vorgetragen, sondern systematisch Schritt für

Schritt, um die Aufnahmefähigkeit des Kandidaten (Initianden) nicht zu überfordern.

Zu den kollektiven oder inklusiven Reifefeiern gehören in erster Linie die Jugendweiherituale, an welchen praktisch alle Heranwachsenden einer Menschengruppe teilnehmen. Voraussetzung ist eigentlich nur das Erreichen einer bestimmten Altersstufe, das Absolvieren der Pubertät, wodurch das Stadium der Ehereife und der Vollmitgliedschaft in der betreffenden Gruppe vorbereitet werden soll. Derartige Riten sind fast weltweit verbreitet. Die in ungebrochener Kulturtradition lebenden Gesellschaften sind bestrebt, der heranwachsenden Jugend den ganzen Reichtum an ererbtem Wissen und an Lebenserfahrung zu vermitteln. Reifefeiern dieser Art könnten mit den Begriffen unserer Zivilisation durch Termini wie Abitur (Matura), Firmung (Konfirmation), Lebens- und Sexualkunde-Unterricht angedeutet werden.

In den rituellen Reifefeiern soll der junge Mensch nicht nur banal über die Rechte und Pflichten des Arbeits- und Ehelebens informiert werden, sondern es werden ihm auch subtilere Kenntnisse vermittelt, um all dies mythisch-religiös zu untermauern. Die Stammeskultur erfährt dadurch ihre Rechtfertigung im übernatürlichen Bereich. Gelehrt werden theoretisch und durch rituelle Praxis (z.B. Maskenfeiern) die heiligen Traditionen über die Schöpfung der Welt, über die Ureltern und ihre Entdeckung der Geschlechtlichkeit, und schließlich werden die alten Ritualgegenstände gedeutet und erklärt. In ihnen manifestiert sich ja in erster Linie das geistige Leben der Menschengruppe.

Kennzeichnend sind bei derartigen Riten immer der tiefe Ernst und die Feierlichkeit, mit welchen solche Übergänge in eine neue Lebensphase zelebriert werden. Der Ethnologe G. van Gennep (1873—1959) hat sie zutreffend als *Rites de passage* (Durchgangsriten) bezeichnet und darauf hingewiesen, daß neben Geburt, Pubertät und Tod — Übergang in das Nach-Tod-Leben — auch der Schritt in die Vollmitgliedschaft des Stammes zur Sicherung des neuen Status wichtig genug ist, um mit allem verfügbaren Prunk gefeiert zu werden. Dies ist am ehesten innerhalb einer Gruppe möglich, wobei neben der biologischen auch die »soziale Reife« vermittelt werden muß.

Absonderung von der Alltagsgemeinschaft, Loslösung von der Elternfamilie, das Grenzerlebnis der Gefahr und ihrer Bewältigung und das Hineingeführtwerden in den neuen Status — all dies wird nicht durch theoretische Information, sondern vorwiegend durch dramatische Handlungen, Tänze, Gesänge und ähnliche Gemeinschaftserlebnisse eingeprägt. Geheime Worte der Macht, bestimmte sakrale Formeln, vor Nichteingeweihten verborgene Klänge von Geräusch- und Musikinstrumenten und die Art der Ritualkleidung werden Stufe um Stufe vermittelt. Oft ist dabei ein »ritueller Tod« erforderlich, das Absterben des »alten Adam« und der Beweis für die Fähigkeit, auch Schmerzen zu ertragen. Erst dann kommt es zu den Riten der Neugeburt, zum Anlegen der Trachtstücke des Erwachsenen, gelegentlich auch zur Annahme eines neuen Eigennamens. Damit ist dann der junge Mensch im eigentlichen Sinne zum vollwertigen Mitglied seiner Menschengruppe geworden.

Der österreichische Ethnologe Martin Gusinde (1886—1969) hat bei Feuerland-Indianerstämmen im äußersten Süden Südamerikas nicht nur die eben andeutend geschilderten Jugendweiheriten, sondern auch die Initiation in den Männer-Geheimbund absolviert. Bei derartigen Weihenriten handelt es sich um »exklusive«, elitäre Übergangszeremonien, die nur von auserwählten Einzelmenschen mitgemacht werden. Bei Männerbund-Ritualen in Stammesgesellschaften herrscht nicht selten eine weiberfeindliche Tendenz vor, da sie nur die kriegstüchtigen Männer einschließen und deren Frauen und Mütter bewußt abgeschreckt werden. In der Struktur der Rituale ist jedoch kein wesentlicher Unterschied zu den kollektiven Jugendweihenriten feststellbar. Auch hier geht es um Absonderung von der »profanen« Allgemeinheit, um das (nunmehr verfeinerte) Wissen vom Wesen der Kultfeiern und um das machtvolle Ansprechen der vielschichtigen Gesamtpersönlichkeit — Phantasie und Intuitionsbereitschaft eingeschlossen. Gusinde erwähnt für die Feuerland-Indianer mimische Tänze, die Rezitation von mythischen Texten, dann auch das geduldige Ertragen von mannigfachen Entbehrungen, Härten und Unbequemlichkeiten.

Was die gesamte Stammesjugend absolviert hat, wird beim Eintritt in den Männerbund von einzelnen Mitgliedern der Gemeinschaft auf höherer Stufe wiederholt. Nicht selten werden anderswo auch schmerzhafte Prozeduren durchgeführt: Körperveränderungen durch das Durchbohren der Nasenscheidewand, der Ohrläppchen oder Lippen, Blutopfer, Beschneidung. Damit beweist der Kandidat seine Bereitschaft, nicht nur zu fordern, sondern auch zu erdulden, dennoch standhaft zu bleiben und sein Blut für die kosmische Ordnung hinzugeben. Der Ritterschlag für den Knappen, der seine Bewährungszeit hinter sich gebracht hat, und der Backenstreich bei der katholischen Firmung sind letzte harmlose Nachklänge solcher Standhaftigkeitsproben. Denken wir in diesem Zusammenhang, ohne spätere Bei-

spiele vorwegzunehmen, an die mannigfachen Beschwerden, die der Märchenheld oder die Heldin auf sich nehmen
muß, ehe das Ziel erreicht wird.

Bei dem zentralaustralischen Volksstamm der Karadjeri
kann man, wie dies auch anderweitig oft der Fall ist, nur
nach dem Absolvieren vielfacher Beschwernisse in den
Kreis der angesehenen Männer aufgenommen werden. Zu
dem anschließenden Ritualkomplex gehört das Ersteigen
eines Baumes, der als »Weltachse« betrachtet wird; eine rituelle Reise führt den Neuaufgenommenen dann zu den heiligen Stätten, wobei er die urzeitlich-vor»ahmende« Wanderung der mythischen Heroenwesen nachvollzieht. Der Religionsforscher Mircea Eliade (1907—1986) beschreibt diese
Kette von Riten folgendermaßen:

»Die Einweihung dauert jahrelang, und ihre Offenbarun-
gen gehören verschiedenen Ordnungen an. Am Anfang
steht das Erschrecken des jungen Menschen angesichts einer über-natürlichen Wirklichkeit, deren Macht und Eigengesetzlichkeit er zum erstenmal erfährt — und der Kandidat, der solchermaßen dem göttlichen Schrecken begegnet
ist, stirbt: Er stirbt der Kindheit, das heißt der Unverantwortlichkeit und Unwissenheit.«

Grundlegend ist dabei, daß keineswegs jeder junge Mensch
von sich aus in der Lage ist, die Welterfahrung ohne sorg-
fältige Unterweisung zu einem ihn bereichernden Erlebnis
zu machen. Er bedarf der stufenweisen Einführung, einer
nach traditionellen Regeln abgestuften Konfrontation mit
dem spirituellen Wissen und dem Überlieferungsschatz seines Stammes. Nur dadurch kann er sich als wirklich gereif-
ter Mensch allen Herausforderungen des Lebens stellen und
auch das allgemein-menschliche Los des Todes ohne Zagen
auf sich nehmen: Hat er doch bereits einmal ein symboli-

sches Todeserlebnis absolviert und es als Übergang in eine neue Existenzweise erfahren.

Niemals jedoch sollen »Perlen vor die Säue geworfen werden«. Eliade weist mehrfach darauf hin, daß es keinen Geheim- oder Mysterienbund gibt, der nicht seine Erkenntnisstufen durch strenge Gebote der Geheimhaltung, der »Arcandisziplin«, schützt. Zunächst sollen die Weisheitsgrade vor Profanierung durch Unwürdige geschützt werden, doch auch diese selbst wären ohne den »psychischen Schutzschild« des Wissens magisch gefährdet. Wer ohne gefestigte Grundhaltung nach solchen verbotenen Früchten greift, setzt sein Leben ebenso aufs Spiel, wie wenn er — um ein modernes Beispiel heranzuziehen — mit radioaktivem Material hantierte. Ebenso evident ist, daß die bloße Schilderung geheimer Riten und Mythen ohnehin alles andere als Erschütterung und Erleuchtung mit sich bringen würde. Die Erlebnisdimension, auf die es ankommt, ist vollständig nur durch die eigene innerliche Erfahrung zu vermitteln.

Wenn etwa ein Völkerkundeforscher wie der belgische Missionar Bittremieux die Einweihung des Bakhimba-Geheimbundes im Kongogebiet beschreibt, so gibt er nur das äußerliche Gerüst einer Handlung wieder, gewissermaßen eine Partitur ohne Musik. Der esoterische Gehalt der Riten muß dem Fremden, auch wenn er guten Willens ist, fremd bleiben.

»Die Einweihungsprüfungen erstrecken sich über zwei bis fünf Jahre, und die wichtigste besteht in einem Todes- und Auferstehungsritual. Der Neophyt (Einzuweihende) muß ›getötet‹ werden… Er wird gepeitscht und trinkt zum erstenmal ein betäubendes Getränk, das ›Todestrank‹ genannt wird… Dann nimmt ihn einer der Alten bei der Hand und läßt ihn so lange um sich selbst drehen, bis er zu Boden stürzt.« Er wird daraufhin von seinen Verwandten als ein Verstorbener beweint, von den schon Eingeweihten auf den Rücken genommen und in einen »Hof der Auferstehung« getragen. Dort wird er nackt in eine kreuzförmig ausgehobene Grube gelegt, in der er bis zum Morgen des »Tages der Verwandlung« bleiben muß. Er wird dann auf drastische Weise wiederbelebt, indem man ihm eine gepfefferte Flüssigkeit in Nase und Augen träufelt. Er muß dann geloben: »Von allem, was ich hier sehen werde, werde ich zu niemandem sprechen — zu keiner Frau, zu keinem Mann, zu keinem Uneingeweihten. Andernfalls soll ich aufgebläht und getötet werden!«

Auch der Berichterstatter Bittremieux hat keine Vorstellung von dem, was denn die Eingeweihten »hier sehen werden«, denn kein Absolvent der Prüfungen hat jemals darüber gesprochen. Eliade kommentiert: »Das wahre Wissen, jenes, das in Mythen und Symbolen bewahrt wird, ist nicht anders zu erlangen als im Verlauf einer geistigen Wiedergeburt, die sich in der Einweihung durch Tod und Auferstehung ereignet.« Die bloße Beschreibung von vermitteltem Erfahrungsgut könnte dessen Gehalt und das Gewicht für den Eingeweihten auch nicht wiedergeben. Das ist die »Arcandisziplin«; das in einem Kasten (lat. *arca*) verschlossene Erlebnis bleibt unvermittelbar und könnte bloß zerredet werden. Auch die Märchen, die von glücklich überstandenen Prüfungen erzählen, können die erreichte Endstufe nur mit allgemeinen Ausdrücken von einem erfüllten Leben »bis an das selige Ende« umschreiben.

Daß Kultgeheimnisse in der Tat kompromißlos respektiert werden, zeigt aus der Antike das Beispiel der Mysterien von Eleusis. Ungeachtet aller Versuche der Kirchenväterzeit, die »heidnischen« Gebräuche lächerlich zu machen, sind sie im Detail in jeder Hinsicht »mysteriös« geblieben. Zwar wissen wir, daß es auch hier um die Idee der geistigen Wiedergeburt und der Beseligung der Eingeweihten durch die »Relativierung des Todes« ging; das eigentliche Ritual wurde jedoch nie wirklich entschleiert. Dies liegt sicherlich daran, daß jeder Teilnehmer an den Mysterien wußte: Was hier mit mir geschehen ist, läßt sich nicht in dürre Worte kleiden, und es wäre unpassend und widersinnig, darüber zu sprechen.

Thassilo von Scheffer, ein echter Kenner altgriechischer Spiritualität, hat all dies schlüssig so formuliert: »Da es ja an sich in allen Mysterien begründet liegt, daß sie geheimgehalten werden und gehalten werden müssen, wenn sie sich nicht selbst auflösen wollen, so ist uns nirgends viel mehr als der Rahmen oder einige Schlußfolgerungen bekanntgeworden... (aber) es ist da gar nichts zu verraten, weil das Wesentliche jenseits aller Worte liegt und dadurch, daß man seiner überhaupt teilhaftig werden konnte, einem von selbst den doch ganz unzulänglichen Mund verschließt... Es ist schlechterdings unmöglich, zur Tiefe zu gelangen und dann davon zu reden. Wem das nicht ein Erlebnis und eine Selbstverständlichkeit jenseits aller ›Diskretion‹ ist, dem ist es auch nicht klarzumachen, oder es wird dann wiederum Äußerliches mit Innerem verwechselt.« Diese Erlebnisweise verdient den Begriff »Esoterik« eher als vieles andere, das sich mit diesem Etikett schmückt. Erwähnt soll hier nur noch werden, daß Völkerkunde-Forscher mit Herz und mit Respekt vor ihren exotischen Mitmenschen auch heute die geheimen Inhalte von Einweihungsriten vielfach nur mit Vorbehalten veröffentlichen oder sie eher archivieren, als sie einer anonymen Lesergemeinde preiszugeben.

Haben wir damit die weite Verbreitung solcher Ideologien angedeutet, so können auch Hinweise auf ihr Alter gefunden werden. So hat etwa der Düsseldorfer Theaterfachmann und Höhlenfotograf Heinrich Wendel (1915–1980) Indizien für seine Theorie gesammelt, daß bereits unsere eiszeitlichen Vorfahren in den Kultgrotten Südwesteuropas Rituale dieser Art zelebrierten.

Es ist bekannt, daß in der letzten Eiszeit der Crô-Magnon-Mensch im »Bauch der Erde« zahllose beeindruckende Kunstwerke hinterließ — eindeutig zu kultischen Zwecken, denn gewohnt konnte er in den dunklen Steinlabyrinthen nicht haben (der Ausdruck »Höhlenmensch« ist blanker Unsinn). Wir wissen heute, daß die großartigen Tierbilder dieser Epoche nach einem bestimmten Programm angebracht wurden und eine im Detail nicht mehr deutbare Zweiergliederung ihrer Weltordnung zum Ausdruck brachten, die sich in Ritualen geäußert haben muß. — Wendel hat nun beobachtet, daß viele dieser Grottentempel neben den Zentralräumen auch kleine, enge Nebenhöhlen aufweisen, die er als »Einmann-Liegeräume« bezeichnete. In solchen Nischen mögen einst Menschen in »Embryohaltung« zusammengekrümmt gelegen haben, denn die Wände dieser Nebengrotten weisen Symbolzeichen auf, die im Zusammenhang mit Wiedergeburtsideen deutbar sind. Wenn wir uns vorstellen, daß ein Kandidat weit entfernt vom Tageslicht im Dunkel der Grotte lag und über den Gehalt solcher Sinnzeichen von Tod und Leben meditierte, daß er — wie manche Höhlenzeichnungen nahelegen — schmerzhafte Standhaftigkeitsproben absolviert hatte, dann ist die Parallele zu den Initiationsritualen exotischer Völker unserer Zeit sehr naheliegend.

Wendel dehnte seine Indizienschlüsse auch auf altägyptische Mysterienorte aus, so etwa auf das Osiris-Heiligtum von Abydos, dessen nur noch fragmentarisch erhaltene Anlage Hinweise auf inhaltlich ähnliche Rituale zu geben scheint — auch wenn sich auf der Stufe der Hochkultur das Ambiente naturgemäß gewandelt hat. Nicht mehr von der Natur geformte Grotten, sondern aus Steinquadern erbaute Kulträume bildeten hier den Rahmen für rekonstruierbare Riten. Ihr Ziel war offenbar die Vermittlung der Wiedergeburtsidee, der Ahnung von einer Überwindung des Todes und des Eingehens in das Licht des Sonnengottes. »Licht ist hier Ur-Licht, den Prüfling erleuchtend, wenn er den Tod bestanden hat«, schrieb Heinrich Wendel. Daß im altägyptischen Bereich die Mythen um den getöteten und in einer anderen kosmischen Gegend auferstehenden und weiterwirkenden Usirê (Osiris) von zentraler Bedeutung waren, beweisen nicht nur die Berichte antiker Autoren wie Plutarch (46—120 n. Chr.), sondern vor allem das berühmte »Totenbuch«, in dem der Leitgedanke der Pyramidentexte ausgestaltet wird: »Du stirbst, damit du lebst. Du schläfst, damit du aufwachst.« Ideen dieser Art haben offensichtlich die Einweihungsriten von der Altsteinzeit bis in die Gegenwart dramatisiert und in den Brennpunkt des esoterischen Gedankengutes gestellt. In den Märchen lassen sich vielfach Anklänge an diese Geisteswelt nachweisen.

Fassen wir nun zusammen, was die Berichte über kollektive Jugendweiheriten und exklusive (elitäre) Einweihungen in Mysterienbünde als Grundgehalt ergeben haben. Auch jene individuellen Riten, die der Aufnahme in die Reifestufe des Priesters, Schamanen oder Herrschers dienen, folgen den gleichen Prinzipien. Am Anfang steht eine Phase der Verunsicherung, der Absonderung vom Alltagsleben und von allem Vertrauten, das Erlebnis des Schreckens bis hin zum »symbolischen Tod«, dem der Kandidat nicht ausweichen darf. In tiefer Ergriffenheit angesichts uralter Mythen, kosmischer Gesetze und Symbole folgt dann der Aufstieg auf die Stufe der Neugeburt. Erst jetzt hat der Eingeweihte die Weltordnung innerlich erfahren. Welt und Mensch haben sich erneuert, oder sie können nunmehr mit neuen Augen gesehen werden, die frühere Blindheit ist überwunden. Der Eingeweihte tritt seinem Schicksal gereift und voll verantwortlich, in tröstlicher Gewißheit seiner Sendung im Weltganzen, entgegen. Es ist fraglich, ob das Menschengeschlecht alle Härten des Daseins, Hunger, Krankheit, Schmerz, Todesgewißheit, überstanden hätte, ohne die Erfahrung solcher Weihungen als Stärkung auf dem Lebensweg gemacht zu haben.

Unsere Zivilisation hat dieses kostbare Erbgut weitgehend verdrängt. Albert Einsteins Frage, wie es denn zu erklären sei, »daß wir um so unglücklicher werden, je zivilisierter wir sind«, findet dadurch eine Antwort. Oberflächliches Wohlergehen und Bequemlichkeit wurden mit dem Verlust einer Tiefendimension erkauft, mit dem Verzicht auf intuitives Erleben und Erfahren des Menschenbildes. Reich und voll von vielsagenden Bildern ist uns nur noch das Reich der Märchen greifbar, in dem die Grundlinien der Einweihung schattenhaft erkennbar sind. Wer in ihnen zu lesen gelernt hat, dem vermitteln sie einen fernen Nachklang einstiger Spiritualität — besser als Jungbürgerfeiern, die Firmung oder das Examen. Einige Beispiele sollen nunmehr zeigen, was dies in der Praxis bedeutet.

ODYSSEUS — DAGAWENDA

Manche Märchenforscher haben die Grundthematik dieses traditionellen Erzählgutes als »Auseinandersetzung zwischen Binnenwelt und Außenwelt« gedeutet. Die Binnenwelt — das ist der heimische Herd, die Familie des Elternhauses, der engere dörfliche Bereich, alles Vertraute und Gewohnte, wo jeder Mensch und jedes Ding seinen Platz hat und nichts in Frage gestellt wird. Der älteste Sohn erbt die Mühle, der jüngste ist der Dummling, der bescheiden hinter dem Ofen hockt, und das Mädchen das Aschenputtel.

Dann jedoch wird der Hag, der diese kleine Welt umgibt, plötzlich durchbrochen. Es ist nötig, diesen geschützten Bereich zu verlassen, auf die Reise zu gehen — durch den dunklen Wald, in dem der Wolf, der Drache, die Schar der Räuber lauert. Die Reise kann bis an das Ende der Welt gehen, zu Sonne und Mond, zu den vier Winden. Gefahr und Schrecken bedrohen den Wanderer. Es kann vorkommen, daß er verwundet, geblendet, verstümmelt wird, daß ihn ein böser Zauber in Stein verwandelt oder in den Todesschlaf versenkt. Er hat jedoch machtvolle Helfer. Es gibt Übernatürliche in mannigfacher Gestalt, als dankbare Tote, als Wundervögel oder Tierschwäger, die schließlich helfen, die bedrohliche Grenzsituation zu überwinden. Dann zeigt sich, daß der Auszug aus der Binnenwelt nicht vergeblich gewesen ist.

Im Wald können trotz seines idyllischen Bildes Gefahren drohen. Rotkäppchen-
Illustration von Ludwig Richter (1803—1884).

Der elementare Bereich des Waldes und der ungebändigten Natur ist zugleich jener Raum, aus dem die Impulse des Lebens kommen. Gefahren fordern den Märchenhelden heraus, all seine Kräfte zu mobilisieren — nicht in erster Linie die des Körpers, sondern vor allem die von Geist und Seele. Er lernt die Sprachen der Vögel und Blumen, erwirbt sich die Freundschaft hilfreicher Tiere. Das ist auch die ritterliche »Queste«, das bewußte Suchen nach Bewährung in der Fremde. In den Volksmärchen wirkt sie bescheidener und weniger heroisch, doch sind die Gefahren nicht geringer. Böses und Grausames in mannigfacher Form muß überwunden werden, doch der am Ende erwartete Lohn ist groß. Wäre der Held in der heimatlichen Enge geblieben, so wäre ihm ein Schicksal in kindlicher Unverantwortlichkeit im kleinen Lebenskreis beschieden gewesen. So jedoch hat er sich ein anderes Los verdient. Sein Mut, die Grenzsituationen durchzustehen, und seine Bereitschaft, sich mit Festigkeit, Mut und List in Gefahren zu begeben, führt ihn zu seiner wahren Bestimmung. Er erhebt nicht nur sich selbst auf eine höhere Stufe, sondern er hat auch die Kraft, andere Geschöpfe zu erlösen, sie aus dem Bann der Gebundenheit an das Böse zu befreien.

»Die leuchtenden Bilder des Schlosses, des Prinzen und der Prinzessin, der Sonne und der Sterne, die dem Märchen das Gepräge geben, erwecken im Hörer, im Leser die Erwartung, daß Hohes, Sonnenhaftes im Leben eines jeden möglich, ja daß der Mensch auf ein königliches Dasein hin angelegt sei. Im Märchen ist auch der Schweinehirt ein heimlicher Königssohn, die Gänsemagd eine heimliche Prinzessin. Wir dürfen es dem Märchen glauben, daß in jedem Menschen Königliches da ist, das sich entfalten möchte« (Max Lüthi) — daß es auch uralte Wege gibt, durch bewußte

Besonders nachts ist der Gang durch den Wald unheimlich. Märchenillustration von Gustave Doré (1823—1883).

Auseinandersetzung mit den Gefahren des tiefen Waldes, des unbekannten Landes und Meeres die höhere Stufe des Menschseins zu erreichen. Niemand muß in der Asche hinter dem Ofen sitzen bleiben. Wer sich den Drachen, Wölfen, Dämonen und Hexen stellt, dem winkt nach glücklich überstandenen Prüfungen das strahlende Königsschloß. »Wenn einer selbst in die Sonne schauen könnte — den Glanz des Palastes ertrüge er nicht« (rumänisches Märchen).

Freilich wird dem, der den Weg in die Außenwelt wagt, nichts geschenkt. Auch Vertrautes kann plötzlich einen bedrohlichen Aspekt annehmen. Die tapfere kleine Schwester, die ihre in die Rabengestalt gebannten Brüder erlösen möchte (Grimm, Nr. 25), »ging immer fort, so weit, bis sie an der Welt Ende kam. Und ging zur Sonne, die war aber gar zu heiß und fraß die kleinen Kinder. Darauf kam das Schwesterchen zu dem Mond, der war aber gar zu kalt, und auch bös, und wie er's merkte, sprach er: ich rieche, rieche Menschenfleisch. Da machte es sich geschwind davon...«

Die drei Rabenbrüder aber sind auf den Glasberg verbannt (wir werden dieses mythische Gebilde später untersuchen), und als Schlüssel muß die kleine Erlöserin ihren kleinen Finger verwenden, den sie sich abgeschnitten hat. Erst nach diesem Opfer kann das glückliche Ende folgen.

Das Abschneiden des Fingers geschieht in dem Märchen ohne Hinweis auf Schmerz und Blut — es wird beiläufig erwähnt, wie innerhalb eines Betäubungszustandes. Auch was sonst an Blutigem und sogar Monströsem berichtet wird, provoziert keine innere Anteilnahme. Es geht ja auch nicht um reale Menschen, sondern um Figuren in einem altertümlichen Drama. Nur dann, wenn sich ein Erzähler oder eine Erzählerin gefühlsmäßig sehr intensiv mit einer

Gestalt identifiziert, kommt es zu Regungen des Mitleids, eigentlich unplanmäßig. Karl Haiding erwähnt eine alte Frau, die ganz in der Welt ihrer Märchen aufging und bei der Geschichte vom Mädchen ohne Hände (Grimm, Nr. 31) die Grausamkeit der Verstümmelung empfand. »Mir wird selber ganz hart«, sagte sie, und dabei traten ihr die Tränen in die Augen; aber dann hatte sie sich rasch wieder gefaßt und erzählte ruhig weiter … Ansonsten bleibt alles weitgehend losgelöst von dem Gefühl realer Qualen und Schmerzempfindungen.

Abgeschnittene Fingerglieder führen uns jedoch wieder in die Welt der eiszeitlichen Kultgrotten. In einigen von ihnen sind nicht nur Malereien von realen und phantastischen Tiergestalten zu sehen, sondern auch Abklatsche von Händen. Bei vielen davon fehlen einzelne Fingerglieder, so als sollten in dem unterirdischen Sakralraum Opfer von kleinen Körperteilen durch schablonierte Bilder dokumentiert und verewigt werden. Die Deutung solcher Riten ist problematisch. Die Urgeschichtsforscher dachten etwa an Trauerrituale, in deren Verlauf sich die Hinterbliebenen Fingerglieder abtrennten. Bei fremden Volksstämmen kommen solche Totenopfer gelegentlich vor. Auch wurde der Gedanke geäußert, derartige Verstümmelungen sollten »listig« bloß vorgetäuscht werden, um den Unterirdischen ein nicht real durchgeführtes Opfer vorzuführen. Das konnte so vor sich gehen, daß beim Anbringen des Hand-Abklatsches einzelne Fingerglieder abgebogen wurden und das Scheinbild einer verstümmelten Hand erzeugten. Wenn solches geschieht, dann fließt beim »Abtrennen eines Fingerchens« in der Tat kein Blut, und die Geister sind dennoch zufrieden. Schein- und Ersatzopfer sind in der Religionswissenschaft ein sehr bekanntes Phänomen.

Daß nicht immer alles buchstäblich mit realen Handlungen zu vergleichen ist, was in Märchen berichtet wird, ist eigentlich ohnehin klar. Bei Opfern wie den erwähnten kann es — falls wir einen alten kultischen Hintergrund voraussetzen — unblutig zugegangen sein wie bei den von Prähistorikern angenommenen »Fingergliedopfern« der Eiszeitgrotten in den Pyrenäen. Im Grimm-Märchen vom Mädchen ohne Hände heißt es, ein »guter alter Mann« gibt folgenden Rat: »Dort steht ein dicker Baum, zu dem geh hin und schlinge die abgestumpften Arme dreimal um ihn! — und als sie es gethan, wuchsen ihr die Hände wieder an ...« Vielleicht war auch diesem wundersamen Vorgang einst ein Scheinopfer vorausgegangen?

All dies ist freilich eine sehr »luftige« Hypothese. Immerhin mag es ferne Erinnerungen an alte Riten des Opfers und der Einweihung gegeben haben, die in Märchen ihren Niederschlag fanden und sich über lange Zeiträume hinweg hartnäckig halten konnten. Wieder erhebt sich die Frage: Beruhen die Ähnlichkeiten und Gemeinsamkeiten auf der Existenz echter Traditionsketten, die bis in uralte Epochen hinabreichen — oder ist der allgemein vorhandene Seelengrund des Menschen die Ursache dafür, daß heute wie einst, hier wie dort so viele Parallelen auftauchen? Können »Initiationen« in der Phantasiewelt ganz spontan auftauchen, ohne jedes ererbte Wissen um wirkliche Riten dieser Art? Ist es denkbar, daß bei bloßen Traumreisen durch die gefahrenreichen Wälder und Wildnisse das Gefühl der Erfüllung auftritt, des Erreichens eines großen Zieles, das Erzähler und Zuhörer gleichermaßen zufriedenstellt? Vielleicht muß nicht alles in der harten Realität ausagiert werden, um segensreiche Wirkungen hervorzurufen. Rituale deuten an, was einst reale Opferhandlung war, und ihr Nachvollzug im Geist mag ähnliche, wenn auch weniger tiefe Spuren hinterlassen. Es mag sein, daß uns die Nachempfindung der Märchen bis zu einem gewissen Grad ersetzen kann, was in älteren Epochen zum Ritus des Reifens und der Einweihung gehörte.

Der Aufbruch, der »heilige Frühling«, das Hinausstreben aus der heimatlichen Enge ist der erste Schritt zur Reife. In der Außenwelt warten die Gefahren, aber auch der Lohn aller Mühen und Plagen, wenn intensives Erleben der Grenze dem Menschen gezeigt hat, wozu er fähig ist. Dann wird er sich seiner selbst bewußt und bleibt nicht Müllerbursch, Gänsemagd, Aschenpuster und Dummling; er erobert sich den geistigen Raum der Erfahrung seines Menschseins und regiert darin als Erbe des Königreiches, das er sich erobert hat.

Wir müssen uns vergegenwärtigen, daß in alten Zeiten der Gesichtskreis des dörflichen Menschen in der Tat sehr begrenzt war. Er wußte im engen Umraum gut Bescheid, kannte auch die nächsten Siedlungen und Täler und die Wege durch die erst stellenweise gerodeten Waldungen. Der Wald war bis ins Mittelalter der Inbegriff der vom Menschen noch nicht besiegten Natur. In ihm hausten Wölfe, Bären, Urstiere, Wisente, Elche. Siegfried erlegt im Nibelungenlied Wisent und Elch, »starke Ure viere/ und einen grimmen Schelch« (Wildpferdhengst). Wildtiere kommen auch in den mitteleuropäischen Volksmärchen vor und zeigen schon dadurch, daß es sich um Überlieferungsgut aus alten Zeiten handelt. Auch die Wesen der Übernatur bevölkern den einst unermeßlich großen Wald — die Zwerge und Riesen, Feen und Elben, Wildmenschen und Moosweiblein. Der »finstere Wald« ist in Mitteleuropa das Symbol der unerforschten Welt, auch des unbewußten Anteils der Per-

Der Wolf als Teil der Fauna Mitteleuropas ist in der Märchentradition noch sehr lebendig. *»Rotkäppchen«* (*Le Chaperon rouge* bei François Perrault), Gustave Doré (1823—1883).

sönlichkeit, in das sich unser Ichbewußtsein nur zögernd (oder auch kühn entschlossen) hineinwagt. Hier liegen die potentiellen Möglichkeiten, sich neue Dimensionen zu erobern, weit außerhalb der bereits bekannten Binnenwelt.

In der Realität von einst müssen wir die Königreiche der Märchenzeit, deren es offenbar unzählige gibt, als Dörfer oder Talschaften definieren. »Amol is a Kinig gwesen — werd holt so a kloans Kinigreich sein gwesen«, meint der Erzähler eines Kärntner Märchens (Haiding). Der König ist sich demgemäß auch nicht zu gut, sich höchstpersönlich um den neuen Sauhirten, um den Pferdestall zu kümmern, und heiratet unter Umständen auch eine kluge und schöne Kuhmagd. Auf andersartige als die uns geläufigen Gesellschaftsstrukturen deutet der Umstand hin, daß landfahrende Handwerksburschen oder besitzlose jüngste Söhne ohne Rücksicht auf ihre Herkunft auch in solche Kleinkönigreiche einheiraten können und dort zu Königen werden, wenn es ihnen gelingt, die Hand der Königstochter zu erringen. Wir werden uns in der Folge damit noch näher zu befassen haben.

Bleiben wir aber zunächst bei den Märchen, die den Aufbruch in unbekannte Fernen zum Gegenstand haben. Bei den Brüdern Grimm ist die Triebfeder etwa die Tollkühnheit eines jungen Burschen, der auszieht, um das Fürchten zu lernen. In der Tat ist es psychologisch der erste Schritt zur Selbstfindung, die Grenzsituation zu erfahren. Wer sich nicht fürchten kann, ist nicht ein Held, sondern ein Seelenkrüppel. Die Initiationen haben daher immer die Konfrontation mit dem Schreckmoment eingeplant, das tiefe Erschauern vor dem Unerforschlichen und dem Mysterium von Leben und Tod. Wer das bescheiden als »Gruseln« umschriebene Gefühl der Erschütterung nicht kennt, muß wenigstens mit kaltem Wasser voll von zappelnden Fischen übergossen werden, um zu einem ganzen Menschen zu werden. Aussagekräftiger sind in dieser Hinsicht russische Varianten des Märchens vom Furchtlosen: Er lernt das Erschrecken kennen, als ihm durch Zauberkraft ein Blick in die Hölle — oder: in Himmel und Hölle — ermöglicht wird. Damit erst kann er die Reichweite der Erlebnisfähigkeit ermessen und wird dadurch zum reiferen Menschen. Normalerweise aber drängt innere oder äußere Notwendigkeit zum Aufbruch in das Unerforschte. An den Meeresküsten ist die Weite des Ozeans jenes Element, das im Binnenland der weite Wald darstellt. Seefahrermärchen bilden die Grundlage der homerischen Odyssee und der Erzählungen um die Suche nach dem Goldenen Vlies. In der unbekannten Weite der Welt sind unbeschreibliche Gefahren zu überwinden, aber auch Schätze zu erwerben. Wir sollten uns nicht einbilden, daß dieser Gedanke nur in Europa beheimatet ist! Ein Beispiel aus einem fremden Lebensraum ist das »Abenteuermärchen« von Dagawenda, das die zur Stammesföderation der Irokesen im Nordwesten Nordamerikas gehörigen Onondaga erzählten (frei nach H. R. Rieder).

Dagawenda, ein junger Mann, so wird erzählt, faßte den Plan, einen Kriegszug zu unternehmen und viele der kraftgeladenen Skalpe zu gewinnen. Während einer Versammlung im Langhaus verkündete er, es werde sich nicht um einen gewöhnlichen Kriegszug handeln: »Ich will westwärts ziehen ... nur ganz junge Krieger kann ich mitnehmen, die vor kurzem die Reife des Kriegers erlangt haben. Sie müssen von ihren Angehörigen und von ihrem bisherigen Leben

Abschied nehmen, wie ich es auch tue. Ich werde wandern bis zum Untergang der Sonne und über das Ende der Erde hinaus. Nie werde ich umkehren, ehe ich das Ziel erreicht habe.«

Eine kleine Schar auserwählter Jungkrieger machte sich auf den Weg. Fremde Dörfer wurden überfallen und Skalpe erbeutet. Dann kam der Trupp in eine Gegend, in der häufig Menschengerippe auf dem Boden lagen. »Geht vorsichtig. Hier werden wir einem gefährlichen Feind begegnen.« Dagawenda fing einen Vogel. »Du lebst in dieser Gegend. Sag uns, von wem all diese Gerippe stammen.« — »Ach! Bald werden auch eure Knochen im Grase bleichen. Kehrt um — keinen läßt er lebendig durchziehen. Die Leute nennen ihn Owisondeyon, Langferse. Steinerne Kleider trägt er, von der eure Pfeile abfallen. An der Ferse hat er einen langen Dorn, mit dem ersticht er seine Opfer.«

Keiner wollte umkehren. Dann sahen sie ihn — er sah schaurig aus. Von allen Seiten warfen sie mit dem Lasso nach ihm und schlangen die Seile an Bäumen fest. Dagawenda schnitt Langferse den Kopf ab und nahm den Skalp. Doch zwei von den Kriegern waren erstochen worden.

Sie wanderten weiter, die Kraft des neuen Skalps beschützte sie. Nach einer Weile wurde ihr Pfad wieder unheimlich, überall krochen Schlangen umher. »Bindet euch Rinde um die Beine, damit ihr nicht gebissen werdet.« Dagawenda fing eine Schlange und fragte sie: »Warum seid ihr so zahlreich hier? Wer ist euer Herr?« Die Schlange wollte zuerst nicht antworten, sprach aber dann: »Hodadenya heißt er, Der-mit-

dem-Knüppelarm. Keinen läßt er durchziehen.« —
Ein Wirbelwind von Schlangen traf sie. Sie steckten
den Wald in Brand und trieben die Schlangen zurück.

Dann kam der Furchtbare selbst. Seine Arme waren
gewaltige Kriegskeulen, mit denen schlug er alles nieder. Selbst Bäume zersplitterten. Die Krieger Daga-
wendas schoben Feuerbrände vor sich her. Die Keu-
lenarme gerieten in Brand und verbrannten — da war
das Ungeheuer machtlos. Sie nahmen seinen Skalp
mit auf ihre weitere Wanderung; aber wieder waren
einige getötet worden.

Mutig drangen sie weiter westwärts vor. Schon lange
hatten sie keine Menschendörfer mehr gesehen. Ein
Speer fiel aus der Luft herab und verletzte einen der
Krieger. Immer mehr Speere fielen vom Himmel.
»Ho! Macht euch starke Schilde und haltet sie über
euch.« Dagawenda hob einen der Speere auf und
schlug ihn mit den erbeuteten Skalpen, bis dieser sagte: »Unser Herr ist Owendonna, Einrippe, denn seine Brust besteht aus einem einzigen harten Knochen
und ist unverwundbar. Nie wird er euch durchziehen lassen.«

Ein Regen von Speeren fiel, dann kam Einrippe
selbst. Zehn Tage hindurch wurde in einem gewaltigen Kampf die Kriegerschar zurückgetrieben, doch
dann drangen sie wieder vor. Mit dem Skalp des
Knüppelarmes zerschmetterten sie schließlich die
Brust des Unverwundbaren. Doch wieder waren vier
der Krieger auf der Strecke geblieben.

Der Weg war steinig und voll Geröll. Vor einer großen Höhle hing von einem kahlen Baum eine aufge-

blasene Menschenhaut als Wachtposten. Der Haut-
mensch sang: »Kehrt um, kehrt um. Keiner darf hier
weiterziehen.«

»Nie werden wir umkehren. Sag uns, wer dein Herr
ist!« Als der knochenlose Mensch die Skalpe sah,
antwortete er: »Awenhaniyonda heißt er, und er ist
so riesig, daß ihn nichts verwunden kann.« Die
Schar zog weiter. Die Krieger fanden eine Fußspur,
so groß, daß ein ganzer Mann sich hineinlegen konnte. Dann versperrte ein seltsamer Berg den Pfad. Als
sie vergebens versucht hatten, ihn zu überklettern,
merkten sie, daß dies der schlafende Riese war. Alle
Angriffe mit den Menschenwaffen waren nutzlos.
Awenhaniyonda rollte sich zur Seite und zerdrückte
einige Krieger. »Was wollt ihr denn? Glaubt ihr etwa,
ihr könntet mir schaden?« Er ergriff einen der Krieger und warf ihn so gewaltsam gegen einen Baum,
daß nur noch die Beine des Opfers aus dem Holz rag-
ten. Nun floh die Schar voll Entsetzen und verbarg
sich in einer engen Felsspalte, in die der Riese nicht
greifen konnte. »Sind wir so weit gewandert und
sollen jetzt umkehren?« Sie begannen das Kriegslied
zu singen, immer und immer wieder. Da wurde
der Gewaltige schläfrig, streckte sich aus und schlum-
merte ein. »Unsere Waffen helfen uns hier nichts.
Wir müssen ihn schlafen lassen.« Sie umschlichen
den Menschenberg und wanderten westwärts weiter. Nur noch ganz wenige Krieger waren übrigge-
blieben. —

Sie kamen an das große Wasser. »Wir müssen uns Kanus bauen.« Sie fuhren nach Westen. Schwere Stürme
zerschmetterten fast alle Kanus, nur das von Daga-

wenda und einem seiner Begleiter blieb übrig, alle anderen waren ertrunken.

Am anderen Ufer war das Land anders. »Bald werden wir das Ziel erreicht haben, nach dem wir strebten.« Sie gelangten an den Ort, wo die Erde aufhört und der Himmel ganz tief herabhängt. Hier schien wirklich das Ende der Welt zu sein. Doch die Himmelsdecke lag nicht fest auf dem Boden. Manchmal hob sie sich baumhoch ab, und ein starker Glanz drang von dahinter hervor. Dagawenda sprach: »Nun wollen wir nicht mehr umkehren. Ich werde den Sprung durch die Ritze wagen, wenn sich die Himmelsdecke wieder hebt.« Er wartete und lief dann mit aller Kraft los, um in dem kurzen Zeitraum unter der Decke durchzukommen. Es glückte, und er rief seinem Begleiter zu, es ihm beim nächsten Heben der Decke gleichzutun. Dieser versuchte es, doch inmitten des Spaltes blendete ihn das große Licht — er stolperte und fiel. Die Himmelsdecke senkte sich herab und zerdrückte ihn.

Nun stand Dagawenda im Himmelsland, seine erbeuteten Skalpe trug er mit sich. So hell war es hier, daß dagegen ein irdischer Tag nur wie eine Sternennacht wirkte. Das Licht strahlte aus großen Blüten an hohen Bäumen. Voll Staunen ging Dagawenda weiter und kam zu einer Hütte. Darin saß ein uraltes Weib. »Komm nur! Wir erwarteten dich schon. Auch meine Enkel haben dich schon beobachtet. Am Abend kommen sie. Bis dahin werde ich dir etwas zum Essen zubereiten.« Sie steckte ein Maiskorn in die heiße Asche und gab es ihm, als es gebacken war; er aß sich satt und sah, daß es nicht kleiner geworden war. »Wundersame Speise habt ihr hier...«

Vor der Hütte versammelten sich Krieger mit großen Bogen und glühenden Pfeilen. »Dies sind die Sonnenschützen. Ich muß sie zurückhalten, damit sie nicht die ganze Erde in Brand schießen.« Mit nassen Maisblättern, die sie entzündete, machte die Alte Dampfwolken. »Das ist der Abendnebel, der die Erde schützt.« Die Enkel begrüßten Dagawenda. »Wir haben uns schon gedacht, daß du deinen Willen durchsetzen würdest. Starke Pläne haben die Menschen zuweilen. Du kannst bei uns wohnen.«

Als Donnerer gingen die Enkel auf die Jagd nach den gelben Ungeheuern in den Sümpfen. Viele erlegten sie. Doch eines Tages schienen sie vor einem Erdenwesen zu verzagen. »Es hat vier Beine und einen langen Schwanz, doch es fliegt von Baum zu Baum. Schon oft wollten wir es erlegen, doch immer ist es uns entwischt.« Einen Baum nach dem anderen zerschmetterten sie, ohne ihren Feind zu treffen. Dagawenda sah, daß es ein schwarzes Eichhörnchen war, zog einen Pfeil aus dem Köcher und schoß es tot. Das Fell brachte er in die Hütte der alten Frau. »Seht nur, was ihr nicht fertiggebracht habt, hat unser Gast getan! Wir sollten ihn hierbehalten.«

Die Himmelsmänner fragten Dagawenda, ob er bei ihnen bleiben wolle; doch seine Skalpe seien da wertlos. »Um bei uns zu leben, mußt du alles Erdenhafte loswerden, und das ist schmerzhaft. Auf die Erde kannst du dann nicht mehr zurück!«

Dagawenda wollte die Verwandlung auf sich nehmen. Sie führten ihn zu einem großen Mörser, in dem sonst Mais zerstampft wurde: »Steig hinein und halt still.« Dann zerrieben sie ihn auf dem Reibstein, bis alles Irdische dahingeschwunden war. Als Dagawenda herausstieg, fragten ihn die Himmelsbrüder: »Wie fühlst du dich jetzt? Sieh nur, dort läuft ein Hirsch. Versuche nur, ihn zu fangen!« Dagawenda lief los, und schon hatte er das flüchtige Tier überholt, so leicht war er geworden.

Die alte Frau sprach: »Es ist gut, daß du bei uns bleiben kannst. Deinen Namen kannst du behalten, denn er hat dich gut geführt. Du hast in deinem neuen Leben eine neue Pflicht. Als Tauregen wirst du jedes Frühjahr die Donnerer begleiten, und die Menschen werden sich über deine Ankunft freuen. Ihr müßt immer vom Westen kommen. Kämt ihr einmal vom Osten, wäre das ein Zeichen für den Untergang der Erde.« Dagawenda blieb im Himmelsland als Freund und Begleiter der Himmelsleute. So erzählen es die Alten.

Dieses Indianermärchen geht also am Ende in einen Naturmythus über, der in der alten Zeit sicherlich zum Überzeugungsgut der Onondaga gehörte. Sein Beginn aber ist völlig den altweltlichen Abenteuertraditionen vom Aufbruch in unbekannte Fernen und von der Überwindung übernatürlicher Gefahren entsprechend gestaltet. Die Episode mit dem riesigen Awenhaniyonda gemahnt an die Abenteuer des nordgermanischen Donnergottes Thor bei Utgardloki (Edda). Wir denken auch an die griechischen Überlieferungen von der Expedition zur Suche nach dem Goldenen Vlies (Symplegaden), an die Taten des Theseus, des Herakles, vor allem aber an die Geschichte des Odysseus und seine Abenteuer mit Charybdis und Skylla, mit dem einäugigen Riesen Polyphemos und all die anderen Stationen seiner Fahrt (die allerdings als immer wieder verhinderte Heimreise nach Ithaka geschildert wird).

Im keltischen Raum gibt es mehrere Traditionen von Westfahrten über das Meer. Die bekannteste dieser »Immrama« ist die Seereise des heiligen Brendan (St. Brandanus) nach einem verheißenen Land der Heiligen, gelegentlich als vorkolumbische Entdeckung Amerikas gedeutet, aber voll von märchenhaften Stationen: Da ist von der Begegnung mit steinewerfenden Teufeln die Rede, von einem inselgroßen Wal, auf dem das Schiff landet, von einem kristallenen Pfeiler und einer ganzen Reihe von wundersamen und gefährlichen Phänomenen, ehe Brendan im fernen Westen das Glücksland erreicht. Diese »christliche Sindbad-Fahrt« aber hat Vorläufer in älteren, vorchristlichen »Imm-

Der »irische Odysseus« St. Brandanus wird auf seiner Westfahrt von einem Teufel mit Steinen beworfen. Aus dem mittelalterlichen »Krumauer Bildercodex«, Wien.

rama«-Traditionen: in jener von Bran Mac Febal, von Maeldúin, von Snédgus und Mac Riagla sowie in jener der Brüder Uí Corra. Was in der Brendansfahrt nach einem christlichen Erbauungsbuch von der Unerschütterlichkeit eines
Heiligen an der Schwelle des Jenseitslandes klingt, hat in
den älteren Parallelstoffen heidnisches Gepräge. Hier sind es
aber vorwiegend »andersweltliche« Glücksländer, die im
Westen verborgen liegen und nur selten von Sterblichen gesehen oder gar besucht werden können.

Gemeinsam ist den griechischen, inselkeltischen und indianischen Erzählungen der Zug in die unbekannte Ferne, die
Auseinandersetzung mit unerhörten Gefahren und erstaun-
lichen Phänomenen am Rande der Menschenwelt, die Bewährung und Auszeichnung nach glücklich überstandener
Reise. Gerade dies aber ist auch der Grundton der initiatischen Ideenwelt. Der ferne Westen, in dem allabendlich die
Sonne versinkt, ist immer auch die Welt der Toten oder der
Einstieg in das Jenseitsland, und damit ist die Westfahrt
auch die Konfrontation mit dem Todeserlebnis. Wer diesen
Bereich erreicht, aber dort nur »anders wird« und in eine
neue Rolle eintritt, hat das Sterben exemplarisch relativiert
und trägt die Hoffnung auf ein Weiterleben in veränderter
Form, die jeder Eingeweihte in sich hat. Dagawenda muß
zerstampft und zermahlen werden, aber dann ist er nicht zu
Staub geworden, sondern zu einem höheren Wesen. St.
Brendan wird im fernen Westland von einem ehrwürdigen
Greis gesegnet, kommt zu einer Quelle mit ganz klarem
Wasser und trinkt daraus, darf dann gestärkt heimkehren
und als Heiliger sterben. Die Quelle ist offenbar die des »Le-
benswassers«, die wir später näher betrachten wollen.

Bei Dagawenda haben wir es zusätzlich noch mit dem Motiv der »verkehrten Welt« im Jenseits zu tun: Ein winziges

Maiskorn »dort« ist überreiche Nahrung für einen Menschen von »hier«; ein Eichhörnchen »hier« ist für die Jenseitigen ein unüberwindliches Monstrum. Das Land der Sonnenschützen und Donnerer ist also für den Menschen das Totenreich, und wer dort verweilen muß, dem ist eine völlige Veränderung seines Wesens auferlegt. Auch andere Märchenmotive dieser Art mit mythischem Hintergrund sind in Nordamerika nachweisbar. Was der Mensch von »hier« als morsche und löcherige Kanus ansieht, sind »dort« seetüchtige Fahrzeuge, aufgefischte Blätter sind Forellen, aus dem Wasser gezogene Äste sind Lachse. Die Wertskalen unserer Welt gelten nicht in der anderen Welt — unnütze Dinge erweisen sich drüben plötzlich als höchst wertvoll. Wer die Grenze überschritten hat, erlebt eine »Umwertung aller Werte«.

Wir gehen wohl nicht fehl, wenn wir das altbekannte Motiv der »unscheinbaren Gabe, die nicht verworfen werden soll«, mit diesem altertümlichen Ideenkomplex in Verbindung bringen. Nicht das feurige Pferd soll der Märchenheld erwählen, sondern eine hinkende Mähre — sie ist das wertvollste Reittier. Von den Unterirdischen geschenkte Aschenkrümel und welke Blätter verwandeln sich, wenn wieder das Menschenland erreicht ist, in lauteres Gold. Schenkt jedoch ein dämonisches Wesen Goldstücke, so verwandeln sich diese in Kohlenstücke oder in stinkenden Mist, wenn die Grenze des irdischen Bereiches auf dem Rückweg überschritten wird. Die verkehrte Welt ist jenseitiger Bereich — der Eingeweihte weiß über die Relativität unserer Wertbegriffe Bescheid, er läßt sich nicht von Truggold täuschen.

Im christlichen Mitteleuropa wurde im Mittelalter eine Art von »Westreise« populär, eine Pilgerfahrt zu dem kleinen

Hl. Gerold, Pilger und Martyrer.

Der Pilger verkörpert die Lebensreise zum himmlischen Ziel. Aus Auers »Heiligenlegenden«, 1890.

Ort Santiago de Compostela, der der Legende nach die Gebeine des Apostels St. Jakobus d. Ä. barg. Er liegt in der spanischen Provinz Galicia fast am »äußersten Ende der Welt«, am *Finis terrae*, und war nur nach langer und beschwerlicher Wanderung zu erreichen. Die Geschichte der Pilgerfahrten zum »wahren Jakob« spielt in der Kulturgeschichte Europas eine große Rolle, und Pilgermuscheln (*Pecten pilgrimea*) in vielen mittelalterlichen Gräbern bezeugen, daß auch aus dem östlichen und nordöstlichen Mitteleuropa solche Wanderungen (oder auch Seefahrten durch den Ärmelkanal und den Golf von Biscaya) nach Santiago de Compostela unternommen wurden. Es wäre wohl überspitzt, diese Züge in das ferne Westland zu einem heiligen Ort nahtlos an die frühgeschichtlichen Traditionen von mythischen Reisen in die »Anderswelt« allein anhängen zu wollen — aber etwas von derartigen Traditionen mag dabei doch nachgeklungen haben. Die Pilgerfahrt hatte im Mittelalter auch den symbolischen Hintergrund der Lebensreise in die ewige Heimat, die auf Erden realisiert wurde.

»Die Menschen des 12. Jahrhunderts haben diese Fernreisen sehr gemocht«, schreibt Émile Mâle (1922). »Das Leben des Pilgers erschien ihnen als das eigentliche Christenleben. Denn was ist der Christ anderes als ein ewiger Reisender, der sich nirgendwo zu Hause fühlt, ein Wanderer auf dem Weg nach einem ewigen Jerusalem?«

Hier überschneiden sich die Motive des Irokesen Dagawenda, des »irischen Odysseus« St. Brendan und der unzähligen Jakobspilger des Mittelalters in auffälliger Weise.

DIE WELT DER FRAU HOLLE

Offensichtlich beschreiben die Fahrten von Dagawenda, Thor, Odysseus und Brandanus an die Grenzen unserer Welt und darüber hinaus nicht einfach die Ideologie allgemeiner Jugendweiherituale, sondern elitäre Einweihungen in einen höheren Status einer Gemeinschaft von Auserwählten — freilich in der bescheidenen Form einer märchenartigen Erzählung. Männer-Mysterienbünde dieser Art waren in vielen Gesellschaften verbreitet. Ihre hochgeachteten Mitglieder wurden nicht nur eines tieferen Einblicks in die Gesetze der Welt für fähig gehalten, sondern sie konnten vielfach auch in das soziale Leben ihrer Gemeinschaften eingreifen und stellten etwa die höchste Instanz bei Rechtsfragen dar. Gelegentlich scheint ihr Treiben freilich auch ausgeartet zu sein und war dann für die nicht eingeweihten Stammesmitglieder nur schwer erträglich.

Dies betrifft dann die »andere Hälfte der Menschheit«, die Frauen, in besonderem Maße. In erster Linie um sich ihrerseits zur Wehr zu setzen, wurden von weiblicher Seite eigene Mysterienbünde ins Leben gerufen. Vor allem aus Schwarzafrika gibt es darüber interessante Nachrichten aus dem vorigen Jahrhundert. Weibliche Geheimbünde haben überdies noch einen weiteren Schwerpunkt der initiatischen Erfahrung, der den Wunsch nach der Vereinigung im geschlossenen Kreis erklärt — »die Mysterien in bezug auf Empfängnis, Geburt, Fruchtbarkeit und ganz allgemein

Fruchtbarkeit des Universums« (Eliade). Die Organisation in eigenen Bünden gibt die Möglichkeit, sich aus dem Zustand des Unterworfenseins unter die Männerwelt frei zu machen. Manche Mysterien, so etwa die altgriechischen von Eleusis, hatten jedoch die Ideologie der Eingeschlechtlichkeit überwunden.

In Westafrika war der Frauenbund des Bundu die Antwort auf den Männer-Geheimbund Poro, in anderen Gegenden hatte der Nyembe-Frauenbund die Zügel in der Hand. Berichtet wird von aggressiv-obszöner Sprache, völlig im Gegensatz zu der normalen Redeweise — wieder ein Hinweis auf die »verkehrte Welt« in der Region außerhalb des Alltagsbereiches; dann von einer stufenweisen Einweihung in verschiedene Grade, von vielgestaltiger Unterweisung. Die Eingeweihte muß, wenn sie in ihren Normalbereich zurückkehrt, gewaschen werden, um sie von der sonst verderblichen Kraft der anderen Welt zu befreien.

R. H. Nassau berichtete im Jahr 1904 über den Nyembe-Frauenbund, daß seine Mitglieder die Kraft hatten, unbeweglich zu verharren und in die Sonne zu schauen. Im Buschwald unterhielten sie ununterbrochen ein Feuer, auch während heftiger Gewitterregen. Sie sammelten Ehrengaben und zogen an das Ufer von Flüssen oder des Meeres, um Fische zu fangen, was ansonsten zu den männlichen Aufgaben gehört. Jede Kandidatin mußte mutig genug sein, den Arm in ein Erdloch zu stecken, in dem Schlangen hausten, und durfte ihn erst zurückziehen, wenn eines der Reptilien sich darum geschlungen hatte (dies erinnert auffällig an die altkretischen Statuetten der »Schlangenpriesterinnen«), sie mußte dann die Tiere in einem Korb in das Dorf zurücktragen. Sicherlich bedurfte es dazu einer gehörigen Portion Courage und Entschlußkraft — aber dies ist ja bei allen Einweihungen so. Schließlich folgte der letzte Akt der nunmehr öffentlich vorgeführten Riten. Eine Meisterin des Bundes verkörperte den Leoparden, eine andere die Mutter ihrer Kinder, der Weihekandidatinnen. Zwischen beiden entbrannte ein zeremonieller Kampf; der »Leopard« verschlang die »Kinder« — wie der Wolf im Märchen die sieben Geißlein — und wurde schließlich von der »Mutter« mit einer Schwertkeule »getötet«. Dadurch konnten die »Kinder« wieder neubelebt zur Dorfgemeinschaft zurückkehren.

Der Leopard hat in Westafrika die Rolle des »bösen Wolfes« übernommen, die mütterliche Meisterin erschlägt den Lebensfeind. In Europa ist dieses Spiel in Gestalt eines kindlich wirkenden Tiermärchens erhalten geblieben, wobei der Wolf auch als »Werwolf« bezeichnet wird (in einer hessischen Version, 1885 veröffentlicht).

Von diesem Märchen gibt es — laut Bolte-Polívka — Varianten in niederländischer, gälischer, italienischer, spanischer, griechischer, rumänischer, serbokroatischer, slowakischer, tschechischer, russischer, kaukasischer, kurdischer, marokkanischer und finnischer Sprache. Daß dem Wolf in mehreren Versionen nicht gleich der Garaus gemacht wird, sondern daß man ihm den Bauch aufschneidet, ihn mit Steinen füllt und ihn (wie auch im Rotkäppchen-Märchen) so beschwert in einen Brunnen stürzen läßt, erinnert wieder an prähistorische Versenkungsopfer. Dabei wurden geopferte Tiere auf ganz entsprechende Weise vorbereitet und in Teiche versenkt — auch in diesem Motiv ist offensichtlich Uraltes im Märchenkleid erhalten geblieben.

Kehren wir aber zu dem Thema der Initiation von Frauen zurück, das seine Spuren in mehreren bekannten Märchen hinterlassen zu haben scheint. Verschwiegenheit gehört, wie erwähnt, wesenhaft zum Gedankengut von Mysterienbünden. Ein Mann würde, so heißt es in den Berichten über den Bundu-Geheimbund von Sierra Leone, sein Leben riskieren, wenn er versuchte, die Zeremonien auszuspionieren. Standhaftigkeitsproben, um die »Arcandisziplin« zu gewährleisten, spielen vielfach eine wichtige Rolle im Bundesritual. Die Psychologin Ingrid Riedel hat in ihrer Studie »Tabu im Märchen« diesem Gesichtspunkt besondere Aufmerksamkeit geschenkt. Es geht ihr um jenen Märchentypus, der in der Sammlung der Brüder Grimm durch Nr. 3, »Marienkind«, repräsentiert wird. Ein verschlossener Raum darf unter keinen Umständen geöffnet werden — oder erst dann, wenn eine gewisse Vorbereitungszeit verstrichen ist? Das Gebot wird gebrochen, das Mädchen öffnet die geheime Kammer und wird bestraft. In der ursprünglichen Version scheint das Thema im Vordergrund gestanden zu haben, daß nunmehr die Standhaftigkeit der Kandidatin geprüft wird. Ist sie fähig, das Geheimnis zu bewahren?

Das finnisch-estnische Märchen »Bekennst du?« stellt eine Variante dar, die diesem Gedanken näher kommt als das Grimm-Märchen. Ein Mädchen, den dunklen Mächten angelobt, wird von einem mit schwarzen Pferden bespannten Wagen in einen tiefen Wald geführt. Dort wohnt eine Hexe, die dem Mädchen aufträgt, ein bestimmtes Zimmer in einem großen Haus unter keinen Umständen aufzuschließen. Von Neugier getrieben, mißachtet die Entführte das Gebot und öffnet die verbotene Pforte. An der gegenüberliegenden Wand liegt ein Toter, dessen Kopf mit einem Kupferdraht an der Tür befestigt ist. Beim Öffnen hebt sich sein Kopf, der tote Mensch ruft dem erschreckten Mädchen nach: »Bekenne es bloß nicht!«

Die Hexe, die das Waldhaus beherrscht, merkt den Frevel, schlägt das Mädchen mit Stummheit und führt es nackt (ein weitverbreiteter Charakterzug von Einweihungsriten) in einen großen Wald, wo es sich in einem hohlen Baum verbirgt. Dort findet ein Königssohn die Stumme, heiratet sie, und sie gebiert schließlich ein Kind. Da erscheint die Hexe und fragt drohend: »Bekennst du?« — Der jungen Frau ist für einen Augenblick die Sprache wiedergegeben, sie sagt: »Nein.« Die Hexe entführt das Neugeborene und legt Knochen an dessen Stelle, so daß es aussieht, als hätte die Mutter ihr Kind aufgefressen. Dies wiederholt sich, und schließlich kann der König den Volkszorn nicht mehr beschwichtigen — er muß zulassen, daß seine stumme Gemahlin auf dem Scheiterhaufen als Hexe verbrannt wird. Schon züngeln die Flammen hoch, da erscheint die »rechte« Hexe nochmals und fragt wieder: »Bekennst du?« Wieder ist ein Nein die Antwort. Nun bläst die Hexe die Flammen aus und sagt: »Standhaft und stark bist du geblieben — hier sind die Kinder, die ich verborgen hatte!« Zwei Knaben und ein Mädchen stehen vor der Geretteten, die Hexe verschwindet und zeigt sich nie wieder.

Wir können vermuten, daß in der ursprünglichen Version ausgedrückt werden sollte: Wenn ein für die letzte Einweihungsstufe noch nicht genügend vorbereitetes Mädchen die Regel mißachtet und zu früh mit dem Mysterium des Todes konfrontiert wird, muß es schreckliche Proben der Tapferkeit ablegen und darf das Geheimnis unter keinen Umständen ausplaudern — es wird stumm, um nicht das ganze System der Einweihung zu gefährden. Für die »Hexe« oder Meisterin, die das Bundesgeheimnis hütet, gibt es jetzt nur noch die Möglichkeit, das Mädchen zu töten oder es unvorstellbaren Erprobungen der Tapferkeit zu unterwerfen. Erst wenn es sich als standhaft genug erweist, unter keinen Umständen und selbst unter Todesgefahr nichts zu bekennen, ist das Mysterium sicher — denn in dem geheimen Gemach »steckt all das, was von der herrschenden Kultur weggesperrt worden ist und doch zum vollen Menschsein gehört« (Riedel): die Erfahrung der Urgründe des Wissens um Tod und Leben. Die planmäßige Initiation wurde offensichtlich durch vorzeitiges Öffnen der verbotenen Tür verhindert, und so mußte eine außergewöhnliche Initiation unter wesentlich bedrohlicheren Umständen stattfinden. Die Kandidatin hatte sich durch ihre Unerschütterlichkeit als würdig erwiesen, die letzte Erkenntnisstufe zu erreichen, doch ihr schweres Geschick konnte anderen Einzuweihenden dennoch zur Warnung dienen.

Daß die prüfende Meisterin, die ja in der Geschichte in Wahrheit keine böse Rolle spielt, als »Hexe« bezeichnet wird, zeigt deutlich, daß der Gang der Ereignisse im Laufe der Zeit nicht mehr richtig verstanden wurde — die äußeren Lebensumstände und die Glaubenswelt hatten sich verändert. Die große Frauengestalt, die ihren Schützling den Proben unterzieht, kann ursprünglich nur eine Wala oder Weleda, eine Priesterin, gewesen sein. Sie lebte im Wald, abgeschieden von der Alltagsmenschheit, und verfügte über Gaben, die sie vor ihren Zeitgenossen auszeichneten. Daß aus solchen weisen Frauen im Zuge der Umstellung auf andere Werte »Hexen« wurden, also rätselhafte Dämoninnen, ist in den Märchen verschiedentlich zu beobachten. Die Waldhexe ist nun oft eine kinderfressende Knusperhexe, doch gelegentlich schimmert ihr einstiger Glanz noch durch die zerlumpten Hexenmäntel der neueren Betrachtungsweise. Dies ist auch bei einer berühmten Hexe der ostslawischen Märchenwelt der Fall, bei der Baba Jaga.

Eines der bekanntesten russischen Märchen erzählt von Wassilissa, der Wunderschönen, in der Erzählung als eine bedauernswerte Stieftochter mit zwei neidischen Stiefschwestern geschildert.

Wassilissas Mutter hatte ihr eine Art Fetisch gegeben, eine zauberkräftige Puppe, und ihren mütterlichen Segen dazu, ehe sie starb. Unter der bösen Fuchtel der Stiefmutter mußte Wassilissa die schmutzigsten Arbeiten verrichten, und ihre neuen Verwandten trachteten ihr nach dem Leben. Damals gab es weder Feuerzeug noch Zündhölzer, und so wurde das arme Mädchen einst, als die Flamme verlöscht war, mit Mordabsicht in den Wald geschickt — sie sollte Feuer von der Waldhexe Baba Jaga holen. Die Zauberpuppe, die Wassilissa schon zu Hause oft bei der Arbeit geholfen hatte, tröstete ihre Herrin: »Wenn ich bei dir bin, wird dir nichts geschehen.«
Furchtlos wanderte sie in die bedrohliche Außenwelt, in den nachtdunklen Wald. Die Augen der Puppe leuchteten auf dem Weg. Ein weißer Reiter jagte vorüber, der Himmel wurde hell. Bald sprengte ein roter Reiter vorüber — der Himmel rötete sich, die Sonne ging auf. Den ganzen Tag über ging Wassilissa weiter und kam zum Haus der gefürchteten Baba Jaga. Es war von einem Zaun umgeben, auf dessen Pflöcken bleiche Totenschädel steckten.
Ein schwarzer Reiter galoppierte vorüber, und die Nacht brach herein. Die Augenhöhlen der Totenköpfe begannen zu leuchten, und Baba Jaga kam aus ihrem Haus geritten — auf einem Stampfmörser, die Mörserkeule und einen Besen in der Hand, sauste sie über den Boden dahin. Sie hielt vor der erschrockenen Wassilissa an und fragte nach ihrem Begehr.

Das Mädchen verneigte sich und berichtete von ihrem Auftrag. »Deine Schwestern kenne ich schon«, meinte die Waldhexe, »und Feuer kannst du bekommen, wenn du tüchtig arbeitest...« Wassilissa hatte das Haus zu besorgen, Essen zu kochen und aus einem Haufen von Weizenkörnern die schwarzen herauszulesen. Das wäre für ein Menschenkind unmöglich gewesen, doch auch diesmal half die Zauberpuppe. Das Mädchen konnte ruhig schlafen, die Puppe tat ohne Tadel, was aufgetragen worden war. Am nächsten Tag waren Mohnkörner auszuklauben — auch dies geschah. Wassilissa merkte, daß ihr nichts Böses zustoßen konnte, und nun fragte sie die Hexe nach der Bedeutung der verschiedenfarbigen Reiter. »Der weiße Reiter ist mein heller Tag«, antwortete die Baba Jaga, »die Sonne ist der rote Reiter, der schwarze ist meine dunkle Nacht. Willst du noch mehr erfahren?« — »Ach nein«, meinte das Mädchen bescheiden, »denn meine Mutter hat mich einst gelehrt: Es ist besser, nicht gar zuviel zu fragen.« »Das ist dein Glück«, antwortete die Hexe, »denn sonst hätte ich dich verschlungen. Doch dir hilft ein geheimer Zauber, und du kannst hier nicht bleiben. Dein Feuer aber sollst du bekommen.« Mit diesen Worten schob sie Wassilissa aus der Tür und gab ihr einen der Totenköpfe mit den leuchtenden Augen vom Zaun. Mit dieser Leuchte in der Hand wanderte das Mädchen heim und brachte sie den bösen Frauen, die erwartet hatten, ihre schöne und beneidete Schwester wäre längst im Wald umgekommen. Aus den Augenhöhlen des Schädels aber brach ein greller Lichtschein, glühende Hitze verbreitete sich — die drei

Feindinnen der schönen Wassilissa mußten zu Asche verbrennen. Das Mädchen war von ihren Peinigerinnen befreit, lernte bald mit Hilfe ihrer Puppe Flachs so fein zu spinnen, daß der Zarensohn auf sie aufmerksam wurde und, von Bewunderung erfüllt, mit ihr Hochzeit feierte. Nun konnte auch die Puppe ausruhen — ihre Arbeit war getan, und das glückliche Ende war gekommen.

Daß die Baba Jaga nicht immer eine böse Waldhexe war, sondern vermutlich einst eine große Übernatürliche der Mythenwelt Osteuropas, hat auch L. Eschenbach (Drury, »Lexikon esoterischen Wissens«) vermutet. Dieser Gedanke liegt nahe, wenn wir beobachten, daß sie das fleißige Mädchen keineswegs schädigt, sondern ihm zuerst den Wunsch nach Feuer erfüllt und es dann noch von den feindlichen und mordgierigen Verwandten befreit. Dadurch erst wird Wassilissa der Weg in ein neues Leben eröffnet.
Auch hat die Baba Jaga als Hüterin des Tages, der Sonne und der Nacht offensichtlich kosmische Dimensionen. Eine bloß böse Knusperhexe würde mit solcher Machtbefugnis offensichtlich überfordert sein. So zeigt sich bei näherer Betrachtung eindeutig, daß wir es hier mit einer vorchristlichen Göttin zu tun haben, die erst sekundär in den tiefen Wald der Außenwelt verbannt und zur Gruselgestalt umfunktioniert wurde. In manchen russischen Märchen heißt es auch, daß ihr Haus auf Vogelfüßen steht und sich herumdrehen kann — auch dies dürfte ein Hinweis auf kreisende Umläufe der Gestirne sein.
Wenn wir das Wassilissa-Märchen von der Verteufelung der Baba Jaga befreien, so ergibt sich eine einfache Initiationsthematik: Ein junges Mädchen muß sich in die unbekann-

te Außenwelt begeben, in den Gefahrenbereich des Waldes. Dort trifft sie eine zunächst furchterregende, zauberkräftige Übernatürliche, die Herrin über Tag, Sonne und Nacht ist. Ausgestattet mit einer magischen Figur, mit einer Statuette, wie sie bei sibirischen Völkern oft zu beobachten ist, werden von der Kandidatin scheinbar unlösbare Aufgaben bewältigt. Die Herrin über die Zeit, die Alte des Waldes, schenkt dem Mädchen das zwiespältige Element Feuer, das in guter Hut das Haus erwärmt, Unwürdigen aber den Tod bringt. »Hexenhaft« im Sinne von dämonisch ist eigentlich nicht die Baba Jaga, sondern die Stiefmutter, und auch die neidischen Stiefschwestern der schönen Wassilissa fügen sich wesentlich besser in dieses Schema. Sie sind auch die Uneingeweihten, die durch die Gabe der Alten des Waldes den Tod erleiden müssen. Wassilissa, die alle Prüfungen absolviert hat, ist dann nicht mehr die mißachtete jüngste Tochter, sondern kann sich aufgrund ihrer neuerworbenen Gaben und Fähigkeiten mit dem Zarensohn vermählen.

Das Thema der weiblichen Initiation, das uns auf den ersten Blick nicht so geläufig ist wie die männliche der Gefahrenbewältigung (Drachentötung, Expedition ins Unbekannte), hat offensichtlich in den Märchen einen recht beachtlichen Stellenwert. Dies ist nicht nur bei den Volkserzählungen ferner Gegenden der Fall, sondern auch in einem deutschen Märchen: die Geschichte von der Frau Holle und den beiden Mädchen, dem fleißigen und dem faulen, ist in der Märchensammlung der Brüder Grimm (Urfassung 1812) das vierundzwanzigste. Bolte und Polívka erwähnten Varianten in den verschiedensten europäischen Sprachen, auch solche aus dem Baltikum, aus Rußland, dazu Variationen mit anderen Motiven aus Indien, Japan und Algerien. Ehe wir die einzelnen Elemente diskutieren, soll die Fassung der Brüder Grimm wortgetreu und in der alten Orthographie wiedergegeben werden:

Eine Wittwe hatte zwei Töchter, davon war die eine schön und fleißig, die andere häßlich und faul. Sie hatte aber die häßliche und faule viel lieber, und die andere mußte alle Arbeit thun und war recht der Aschenputtel im Haus. Einmal war das Mädchen hingegangen, Wasser zu holen, und wie es sich bückte den Eimer aus dem Brunnen zu ziehen, bückte es sich zu tief und fiel hinein. Und als es erwachte und wieder zu sich selber kam, war es auf einer schönen Wiese, da schien die Sonne und waren viel tausend Blumen. Auf der Wiese ging es fort und kam zu einem Backofen, der war voller Brot; das Brot aber rief: »ach! zieh mich 'raus, zieh mich 'raus, sonst verbrenn' ich, ich bin schon längst ausgebacken!« da trat es fleißig herzu und holte alles heraus. Darnach ging es weiter und kam zu einem Baum, der hing voll Aepfel und rief ihm zu: »ach! schüttel mich! schüttel mich! wir Aepfel sind alle mit einander reif!« Da schüttelt' es den Baum, daß die Aepfel fielen, als regneten sie, solang bis keiner mehr oben war, darnach ging es wieder fort. Endlich kam es zu einem kleinen Haus, daraus guckte eine alte Frau, weil sie aber so große Zähne hatte, ward ihm Angst und es wollte fortlaufen. Die alte Frau aber rief ihm nach: »fürcht dich nicht, liebes Kind, bleib bei mir, wenn du alle Arbeit im Haus ordentlich thun willst, so soll dirs gut gehn: nur mußt du recht darauf Acht geben daß du mein Bett gut machst, und es fleißig aufschüttelst,

daß die Federn fliegen, dann schneit es in der Welt;* ich bin die Frau Holle.« Weil die Alte so gut sprach, willigte das Mädchen ein und begab sich in ihren Dienst. Es besorgte auch alles nach ihrer Zufriedenheit und schüttelte ihr das Bett immer gewaltig auf, dafür hatte es auch ein gut Leben bei ihr, kein böses Wort und alle Tage Gesottenes und Gebratenes. Nun war es eine Zeitlang bei der Frau Holle, da ward es traurig in seinem Herzen und ob es hier gleich viel tausendmal besser war, als zu Haus, so hatte es doch ein Verlangen dahin; endlich sagte es zu ihr: »ich habe den Jammer nach Haus kriegt, und wenn es mir auch noch so gut hier geht, so kann ich doch nicht länger bleiben.« Die Frau Holle sagte: »du hast Recht und weil du mir so treu gedient hast, so will ich dich selbst wieder hinaufbringen.« Sie nahm es darauf bei der Hand und führte es vor ein großes Thor. Das ward aufgethan und wie das Mädchen darunter stand, fiel ein gewaltiger Goldregen, und alles Gold blieb an ihm hängen, so daß es über und über davon bedeckt war. »Das sollst du haben, weil du so fleißig gewesen bist«, sprach die Frau Holle. Darauf ward das Thor verschlossen und es war oben auf der Welt, da ging es heim zu seiner Mutter und weil es so mit Gold bedeckt ankam, ward es gut aufgenommen.
Als die Mutter hörte, wie es zu dem Reichtum gekommen, wollte sie der anderen häßlichen und faulen Tochter gern dasselbe Glück verschaffen, und sie mußte sich auch in den Brunnen stürzen. Sie erwachte, wie die andere auf der schönen Wiese und ging auf

* Darum sagt man in Hessen, wenn es schneit: die Frau Holle macht ihr Bett.

demselben Pfad weiter. Als sie zu dem Backofen gelangte, schrie das Brot wieder: »ach! zieh mich 'raus, zieh mich 'raus, sonst verbrenn' ich, ich bin schon längst ausgebacken!« die Faule aber antwortete: »da hätt' ich Lust, mich schmutzig zu machen!« und ging fort. Bald kam sie zu dem Apfelbaum, der rief: »ach! schüttel mich! schüttel mich! wir Aepfel sind alle mit einander reif«; sie antwortete aber: »du kommst mir recht, es könnt mir einer auf den Kopf fallen!« ging damit weiter. Als sie vor der Frau Holle Haus kam, fürchtete sie sich nicht, weil sie von ihren großen Zähnen schon gehört hatte, und verdingte sich gleich zu ihr. Am ersten Tag that sie sich Gewalt an und war fleißig und folgte der Frau Holle, wenn sie ihr etwas sagte, denn sie gedachte an das viele Gold, das sie ihr schenken würde; am zweiten Tag aber fing sie schon an zu faulenzen, am dritten noch mehr, da wollte sie Morgens gar nicht aufstehen, sie machte auch der Frau Holle das Bett schlecht und schüttelte es nicht recht, daß die Federn aufflogen. Das ward die Frau Holle bald müd und sagte der Faulen den Dienst auf. Die war es wohl zufrieden und meinte nun werde der Goldregen kommen, die Frau Holle führte sie auch hin zu dem Thor, als sie aber darunter stand, ward statt des Golds ein großer Kessel voll Pech ausgeschüttet. »Das ist zur Belohnung deiner Dienste«, sagte die Frau Holle und schloß das Thor zu. Da kam die Faule heim, ganz mit Pech bedeckt, und das hat ihr Lebtag nicht wieder abgehen wollen.

In dieser alten Fassung fehlt noch das erst 1819 nachgetragene Motiv, das von der blutig gewordenen Spindel erzählt, die im Brunnen abgewaschen werden soll. Das Flachsspinnen spielt in den alten Mythen als Tätigkeit der Parzen (Moiren) und Nornen eine Rolle, die den Schicksalsfaden des Menschen spinnen. Es mag auch sein, daß in Märchen (Dornröschen!) vom Spinnen die Rede ist, weil die abendliche gemeinschaftliche Bearbeitung des Flachses Gelegenheit bot, Geschichten aller Art zu erzählen.

Kehren wir aber zur Thematik der Einweihung zurück. Das Szenario ist bereits bekannt — es geht um den Besuch in der »Anderswelt«, wie der Märchenkundige F. Hetman den englisch-irischen Begriff *Otherworld* übersetzt. Die Lokalisierung ist hier besonders interessant und verdient eine eingehendere Betrachtung. Zunächst jedoch das Grundthema:

Exemplarisch werden zwei Mädchen dargestellt — nur eines davon löst die Aufgaben und erringt den Preis. Es begibt sich in die andere Ebene; den Tod verachtend, durchbricht es die Grenze. Dort müssen Aufgaben akzeptiert und gelöst werden, die banal wirken, aber dennoch nicht von jedem Menschen auf sich genommen werden. Nach Backofen und Apfelbaum folgt als dritte Prüfung die Konfrontation mit dem Schreckmoment, denn die Übernatürliche in diesem Bereich stellt sich wie eine alpine Perchtenmaske dar: mit großen Zähnen, die dem Mädchen angst machen und es fast zum Weglaufen veranlassen. Im Haus dieser Alten müssen Arbeiten geleistet werden — die Heldin dieser Erzählung braucht dazu keine Zauberpuppe, sondern nur Fleiß und Pflichtbewußtsein. Dadurch bleibt der jahreszeitliche Zyklus der periodisch eintretenden Schneefälle gewahrt, wobei wohl ein Tag im Holle-Reich einem Jahr in der Menschenwelt entspricht, müssen doch die Federbetten täglich aufgeschüttelt werden. Dennoch muß das

Mädchen wieder in ihren alten Lebensraum zurückkehren, und hier erfährt es an der Grenze die verdiente Belohnung — den Goldregen; sie wird nicht wie Danae im griechischen Mythus davon schwanger, aber ihr Status hat sich offensichtlich grundlegend verbessert.

Die unwürdige Schwester will es der »Goldmarie« gleichtun, doch sie kennt offenbar bereits die Spielregeln und wirkt daher desinteressiert. Die Arbeiten mit Backofen und Apfelbaum schlägt sie aus, sie erschrickt nicht beim Anblick der Frau Holle — »weil sie von ihren großen Zähnen schon gehört hatte« — und erfährt deshalb auch nicht die Erschütterung bei der direkten Konfrontation. Daß dann die Arbeiten im Haus der Alten nicht ordentlich geleistet werden, ergibt sich zwangsläufig: Auf Erden bleibt der Schneefall aus. Frau Holle ist froh, die unwillige Kandidatin loszuwerden, und bewirkt, daß diese keinen goldenen Segen empfängt — sie wird zur »Pechmarie«.

Dabei haben wir es also zunächst mit der im Märchen typischen Schwarzweißmalerei zu tun — Gut und Böse stehen sich diametral gegenüber; das Gute wird belohnt, das Böse bestraft (wenn auch nicht mit dem Tode wie im Märchen von Wassilissa). Die Schlichtheit der Charakterisierung entspricht zwar nicht der nuancierten Palette der Realität, wirkt aber sehr eindringlich.

Es sollte aber im Zusammenhang mit den Regeln der Einweihung bedacht werden, daß die faule Schwester an ihrem »Pech« vielleicht nicht allein schuld ist. Wir vermissen jeglichen Hinweis darauf, daß alles Geschehen in der anderen Welt geheimgehalten werden sollte. Frau Holle hätte eigentlich gebieten sollen, über alle Vorgänge in ihrem Reich strenges Stillschweigen zu bewahren. Vielleicht wurde dieses Motiv vergessen, als der Einweihungsmythus zum

Volksmärchen wurde? Die Pechmarie hatte eigentlich wenig Möglichkeiten, sich positiv mit den Prüfungen im Holle-Reich auseinanderzusetzen. Sie hatte bereits über den Eingang zur anderen Welt erfahren und wußte, daß sie dabei nicht ertrinken würde. Die Arbeiten erschienen ihr kindisch, das Schreckmoment blieb aus. Auf diese Weise konnte die Erlebnisdimension ihrer glücklicheren Schwester nicht erreicht werden! Jedenfalls setzt sich unser Märchen mit diesem Gedanken nicht auseinander — es begnügt sich mit dem Exempel von belohntem Fleiß und bestrafter Faulheit.

Wer aber ist die Frau Holle? Ihr Name gemahnt an die germanische Unterweltherrin Hel, aber auch an die Göttin Holda-Frija, Hulda, die in der Überlieferung auch Fru Gode, Frau Herke oder Frau Frigg heißt und mit der Berchta (Percht) des süddeutschen Sprachraumes in Zusammenhang gebracht wird.

Sie tritt öfter in Sagen als in Märchen auf, und es wurde offenbar einst vorausgesetzt, daß an ihre Realität im Bereich der Überwelt (mit Eingriffen in die Menschenwelt) zu glauben sei. In den verschiedenen Märchenvarianten erscheint sie als altes Mütterlein, als Nixe mit zerstrubbelten Haaren (die gekämmt werden müssen), als Hexe, Fee, altes Weib, schöne Waldfrau, Muttergottes, großzähnige Greisin, als Kopf einer Stute.

Eine verwandte Märchenerzählung aus dem österreichischen Burgenland läßt die siebzehnjährige Stieftochter, die es daheim nicht gut hat, in die verwünschte Katzenmühle gehen, um Ersatz für das verlöschte Herdfeuer zu holen. Dort hausen Frauen mit Katzenköpfen (gleichsam Verwandte der altägyptischen Göttin Bastet) und fragen schnurrend: »Raun, raun, was willst du denn?« Eine alte Katze mit einem Kopf, so groß wie ein Sechs-Eimer-Faß, verspricht das Feuer, verlangt jedoch dafür, von dem Mädchen gelaust zu werden. Auf dem Katzenschädel wimmelt es von Kröten, Schlangen, Mäusen und Ottern, aber das Mädchen erfüllt furchtlos die Bitte. Sie bekommt nicht nur das erwartete Feuer, das sie zwischen zwei irdenen Topfdeckeln heimtragen kann, sondern überdies einen Beutel voll Gold und Silber. Stiefmutter und Stiefschwestern wollen diese Gaben ebenfalls, verweigern jedoch das Lausen mit hochmütigen Worten und werden von den Katzen zerrissen. Die Heldin des Märchens aber lebt nun in Frieden und heiratet einen Grafen (n. Haiding).

Katzen ziehen nach altgermanischen Vorstellungen auch den Wagen der Göttin Freya. Bemerkenswert ist, daß Ungeziefer in den Haaren einer Meeresgöttin (Sedna; Immap ukua, d. h. Mutter des Meeres; Nerrivik, d. h. Eßplatz) sich in den Mythen der Inuit (Eskimo) in jene Seetiere verwandelt, die den Menschen zur Nahrung dienen. Es lohnt sich, der alten Göttin Dienste zu erweisen, auch wenn sie unnatürlich, abstoßend oder furchterregend aussieht. Ihre großen Zähne gemahnen an die altgriechische Gorgo, die einen in jüngerer Zeit »verteufelten« Aspekt der archaischen Muttergöttin darstellt.

Andere mütterliche Gottheiten mit großer Macht sollen in einem späteren Abschnitt besprochen werden.

UNTERWELT UND HÖHLENRAUM

Daß all diese Märchentypen thematisch um den Gedanken kreisen, der mit der weiblichen Initiation eng verbunden ist, kann wohl nicht geleugnet werden. Immer muß ein heranwachsendes Mädchen sein Heim verlassen, Gefahren auf sich nehmen, schwere oder fast unlösbare Aufgaben übernehmen und wird nach seiner Rückkehr aus dem fremden Bereich belohnt. Die »Abnabelung« vom heimischen Herd wird dadurch verständlich zu machen versucht, daß dort eine böse Stiefmutter ein ungerechtes Regiment führt. Auch wenn dort eine liebreiche Mutter geherrscht hätte, wäre das Mädchen, das seine Kindheit hinter sich lassen muß, ohne Aufbruch in die Außenwelt nie zu »Gold«, zu selbständigem Handeln und zu einem Grafen oder Prinzen als Ehegemahl gekommen — die Lehrzeit in der unbekannten Welt ist offenbar unumgänglich. Bei der Thematik der männlichen Initiation ist die Triebfeder für den Aufbruch in die »Anderswelt« meist die Situation beim Tod des Vaters, der dem jüngsten Sohn kein nennenswertes Erbe hinterlassen kann. Hier gilt ebenso: Auch wenn der jüngste Sohn noch genügend reiches Erbgut erhalten hätte, wäre er nie zu größeren Ehren aufgestiegen, wenn er nicht mutig die Gefahren der fremden Bereiche auf sich genommen hätte.

So erweisen sich Erzählungen, die auf den ersten Blick wie bescheidene Kindergeschichten wirken, als Bruchstücke eines zersprungenen Mosaiks, das sich erst bei geduldiger Sammeltätigkeit wieder zu einem erkennbaren Bild zusammenfügt. Zum Teil geht es bei diesen Märchen um die Ideologie der kollektiven Jugendweihe mit der nötigen Loslösung vom Elternhaus, zum Teil auch um die Initiation in bestimmte elitäre Bünde: in die der Krieger, der Heiler und Seher, aber auch in auserwählte Frauenrollen (Prophetin, Heilerin, Priesterin). Die dafür nötigen Gaben fallen dem Menschen nicht in den Schoß, sondern er muß sie sich durch Mut, Fleiß, Ausdauer und Charakterstärke verdienen. Daß bei elitärer Initiation in bestimmte Sonderberufe (Priester/Priesterin, Heiler/Heilerin) das Happy-End der Verheiratung nicht das Ziel sein konnte, war den Märchenerzählern der jüngeren Epochen offensichtlich nicht mehr vorstellbar.

Wenden wir uns aber nun der Frage zu, wie das Weltbild in der Erzählung von der »Großen Mutter« Frau Holle beschaffen ist.

Der Brunnen (in anderen Märchen: das Erdloch), in das die Spindel (der Wasserkrug) fällt und wo hinein auch die Heldin der Erzählung springt — wobei sie sich offensichtlich von ihrem bisherigen Leben verabschiedet —, ist der Eingang zu der anderen Welt: zu der Welt der unbekannten Gefahren und Schätze, in der die Einweihung stattfinden soll. Was in anderen Weltbildern der ferne Westen ist, in dem allabendlich die Sonne versinkt, das ist hier das Brunnenloch als Pforte zum Holle-Reich. Männliche Initianden ziehen in die Ferne, weibliche hingegen müssen vorzugsweise einen vertikalen Pfad »zu den Müttern« einschlagen. Der Brunnen ist in vielen Sagen auch der Ort, aus dem Kinderseelen in die Menschenwelt kommen. Der Teich, aus dem in Kindergeschichten die Neugeborenen kommen, heißt in manchen Gegenden »Frau Holles Teich«. Eine jüngere Tradition läßt in der Tiefe Frau Holle mit Deckeln beschwerte Töpfe hüten, in welchen die Seelen der Verstorbenen aufbewahrt werden — wohl auf eine neue Verkörperung wartend. »Frau Holles Reich umschließt daher als das einer Schicksalsgestalt das Vergangene und das Werdende. Es ist das Reich der Abgeschiedenen und der Keime der Kommenden« (Spieß u. Mudrak 1947).

Die Rolle der Totenkönigin erklärt den dunklen, schreckenerregenden Aspekt der Muttergöttin mit den langen Zähnen, der großen Nase, den struppigen Haaren. Bei der Einweihung ist zu erkennen, daß Tod und Leben einander bedingen, eines ohne das andere nicht denkbar ist und Verstorbene wie Samenkörner einem neuen Keimen und Reifen entgegengehen. In den Mysterien von Eleusis wurde der Tod relativiert:

»Selig ist der Mensch auf Erden, der solches geschaut hat! Doch wer an heiliger Weihe nicht teilhat, dem widerfährt nie gleiches Geschick, auch wenn er gestorben ist, im modrigen Hades ...«

Initiation vermittelt nicht nur einen höheren spirituellen Status auf Erden, sondern auch die Überwindung der Todesfurcht. Bei kritischer Betrachtung des »Holle-Weltbildes« muß auffallen, daß die andere Welt nicht in weiter Ferne oder im Himmelsland angesiedelt sein kann, denn die Goldmarie gelangt durch einen Sturz in die Tiefe dorthin. Sie durchbricht den Wasserspiegel, der wie in Cocteaus »Orphée« den Eingang zu der anderen Welt bildet (dort ist es der echte Spiegel an der Wand). Die andere Welt der Frau Holle ist eine Unterwelt, ein Reich der Totengöttin Hel — doch diese ist ja nur ein Aspekt der Großen Mutter. Sie regiert zugleich im Himmelsland, denn von dort fallen die Bettfedern als Schneeflocken zur Erde nieder.

Keinem Kind, das die Goldmarie-Geschichte hört, fällt anscheinend auf, daß die Stockwerke der Welt frei vertauscht wurden: Von der Erdoberfläche geht der Weg zunächst nach unten. Dort erwartet die Heldin eine grüne Wiese mit den Haltepunkten Backofen, Apfelbaum und Holle-Haus. Dieses aber erhebt sich unmerklich in himmlische Sphären — der anfängliche Abstieg wird zur Reise in die Region der Wolken und Gestirne, ohne daß dies ausdrücklich erwähnt würde. Ebenso unmerklich findet der Übergang von der langzähnigen Schreckgestalt zur mütterlichen Hüterin der Initiandin statt.

Die Vorstellung eines unterirdischen Reiches, in dem ein Einweihungsritus stattfindet, ist wohl keine zufällige Erfindung der Märchenerzähler. Denken wir daran, daß bereits der Eiszeitmensch in die oft kilometerlangen Grottenlabyrinthe des Erdinneren hinabstieg, um dort im Detail unbekannte, aber aus Indizien in großen Zügen rekonstruierbare Rituale durchzuführen (vgl. S. 49) und die Höhlenwände mit faszinierenden Bildern zu bemalen. Die Höhlen, oft mit bizarren Eis- oder Tropfsteingebilden wie mit unterirdischen Wäldern fremdartiger Gestalt prunkend, mußten den in sie vordringenden Menschen wie eine eigene, von großem Zauber erfüllte Weltetage erscheinen. Wir müssen uns vergegenwärtigen, daß sie nicht mit bequemen Touristenwegen und heller Illumination versehen waren wie die meisten Grotten unserer Zeit, die als Fremdenverkehrs-Attraktionen ausgebaut wurden. Mit einem flackernden Tranlämpchen in der Hand wanderte der fellbekleidete Jäger der Eiszeit Schritt für Schritt in dieses unterirdische Reich, sah im wandernden Schatten seines Lichtes unwirkliche Formen aus der Dunkelheit steigen und wieder verschwinden, formte diese Erscheinungen nach und fühlte sich im un-

Höhlenkunst der Altsteinzeit. Wisent-Darstellungen in der Höhle von Trois-Frè-res, Dépt. Ariège, Frankreich.

ergründlichen »Bauch der Erde« der Alltagswirklichkeit entrückt.

Selbst der Speläologe, der Höhlenforscher unserer entmythologisierten Zeit, kann den Zauber dieser Welt nicht verleugnen. »Durch ihre Dunkelheit und Stille, durch ihre Zeitlosigkeit und Lebensfeindlichkeit unterscheiden sich die unterirdischen Regionen wesentlich von der Erdoberfläche«, schreibt der Sachbuchautor und Naturforscher Herbert W.

Franke. Die Höhlen sind »ein letztes Reservat des Unbekannten auf unserer Erde. Hier gibt es noch die Möglichkeit, den Fuß auf Boden zu setzen, den noch kein Mensch betreten hat.« Noch wesentlich erschütternder muß dieses Erlebnis den mythengläubigen Menschen der vorgeschichtlichen Epochen berührt haben. Hier fühlte er sich in eine reale »Anderswelt« aufgenommen, umgeben von rätselhaften Formen und steinernen Gebilden, die zu leben schienen.

Es ist nicht verwunderlich, wenn viele Höhlen zu mythischen Orten wurden, zu Geburtsstätten von Göttern und Heroen, zu Aufenthaltsräumen weissagender Prophetinnen und zu Zufluchtsstätten weltflüchtiger Einsiedler. Das Weltbild des alten Ägypten ließ den Nil aus einer Felsenhöhle entspringen. Ab ca. 1220 v. Chr. beschreibt das »Höhlenbuch« einen jenseitigen Raum der Welt nach dem Tode, gegliedert in zwei Bereiche. Einer davon ist dem Abstieg, der andere dem Aufstieg zum Licht gewidmet. Auch das alte Kreta kannte mehrere heilige Grotten, die als Kult- und Opferstätten dienten. Es handelte sich um chthonische (dem Erdinneren zugewandte) Kulte, die dem Streben vom Dunkel zum Licht zugeordnet waren. So war auch der Kultraum des spätrömischen Soldatengottes Mithras als Felsengrotte gestaltet, in dem der Sieg des Sonnenhelden über die Mächte der Finsternis zelebriert wurde. Oft wurde auch der Stall von Bethlehem, der Geburtsort des Erlösers, als Felsenhöhle dargestellt, und in einer solchen auf der Insel Patmos soll der heilige Johannes die Vision von den Kämpfen der Endzeit empfangen haben. Im frühchristlichen »Adam-Buch« ruhen die Gebeine des Urvaters der Menschheit in einer Höhle, ehe sie im Mittelpunkt der Erde neu bestattet werden.

In unserer Sagenwelt schläft in einer Höhle im Kyffhäuser oder im salzburgischen Untersberg der große Kaiser der alten Zeit, Karl der Große oder Friedrich Barbarossa, und wartet auf den Zeitpunkt seines Wiedererscheinens am Ende der Zeiten. Hier hausen auch Gnomen, Drachen, Riesen oder »salige Frauen«, und hier werden große Schätze vor den Augen der Menschen bewahrt. Eine wichtige Rolle spielen die Höhlen (*Uatha*) in den mythischen Traditionen des alten Irland. Dort kann sich die furchtbare Göttin Morrigan aufhalten, oder auch Hexen können hier lauern, um die Helden Conan und Finn mit ihrem Garn einzuspinnen. Die »St. Patricks Fegefeuer« genannte Höhle auf einer Insel im Loch Derg ist ein unheimlicher Ort, an dem Pilger in der Nacht über das Jenseits meditieren.

In der altmexikanischen Mythik ist die Geburtshöhle Chicomoztóc der Ursprungsplatz der Menschheit. Die Karsthöhlen Yucatáns im Mayaland dienten Kulten, die der Ideenverbindung von Grotte, Zwerg, Regen und Fruchtbarkeit zugeordnet waren. Der Gang in die Höhle, so die Ethnologin E. Kasper (1988), ist »der Verzicht auf das irdische Leben, zugunsten des ungeborenen höheren Lebens. Dort existiert keine Zeit, es gibt weder das Gestern noch das Morgen, denn Tag und Nacht sind in ihr noch ungeschieden. In der Abschließung liegt nach Eliade (1980) eine ›larvenhafte Existenz‹ wie der Tote im Jenseits.« Auf die Bedeutung der eiszeitlichen Kultgrotten für hypothetisch erschlossene Übergangsriten in »Einmann-Liegeräumen« haben wir bereits hingewiesen (S. 49).

Es ist somit keineswegs erstaunlich, daß das Symbolbild der unterirdischen Welt, durch die der Mensch auf dem Weg nach unten gehen muß, um sich den Aufstieg zu erringen, in viele Mythen und Märchen eingegangen ist. Wir wissen, daß in der Frühzeit der Kultur die tiefen Höhlen die wohl ältesten Heiligtümer und Einweihungsorte waren — dies ist nicht Märchenphantasie, sondern urgeschichtliche Realität. Wenn in Märchen, Mythen und Riten die Weltetagen visionär-kultisch vertauscht werden, um in der Unterwelt wie auch im Himmelsland dämonische Wesen zu bekämpfen und hilfreiche Geister anzurufen, so kann sich darin eine Erinnerung an die Zeit erhalten haben, in der ein Einstieg in eine greifbare Unterwelt zum Ritualgut der Menschheit gehörte. Seelenreisen in andere Weltebenen gehören zu einem Komplex von Erscheinungsformen, der unter der Bezeichnung »Schamanismus« bekannt wurde und den wir deutlicher charakterisieren werden.

Der Erzählgutforscher Heino Gehrts hat sich in seiner Studie über »Schamanistische Elemente im Zaubermärchen« mit diesem »Märchentypus 301« ausführlich auseinandergesetzt. Der Held der Geschichte, so schreibt er, steigt durch ein Loch in der Erde hinab in die untere Welt — »nicht anders, als handle es sich um ein Bergwerk, und mancher erwachsene Märchenleser wird sich noch daran erinnern, wie verwundert er als Kind gewesen ist, daß dort in der Erde, wie er meinte, eine lichte, sonnige Welt war«. Und Gehrts zitiert eine »esoterische« Überlieferung, um 1850 in der Harz-Gegend notiert. Eine alte Frau berichtete aus ihrer Jugend, es sei »früher, namentlich unter den Kindern, ›heimlich‹ gesagt worden: Unter dieser Welt befinde sich eine andere (bewohnte) Welt, die von einem breiten und tiefen Wasser umgeben sei, über welches man fahren müsse, um in die untere Welt zu gelangen. ›Jetzt glaubt aber kein Mensch mehr daran.‹«

Gelegentlich ist der *Mundus subterraneus*, die unterirdische Welt, nicht die einzige Etage unter der Welt des Menschen;

es gibt Märchen, in welchen der Held aus diesem Stockwerk in ein noch tieferes hinabsteigt oder hinabstürzt, um auch dort Abenteuer zu bestehen. Das Weltbild ist mehrfach gegliedert, nicht bloß als »Dreiwelt« (Unterwelt, Menschenwelt, Himmelswelt). Auch dieses Motiv ist in vielen Beschreibungen der schamanistischen Vision des Kosmos nachweisbar.

Sicherlich kann eine solche Gliederung der Welt auch rein spekulativ oder visionär konzipiert worden sein; aber angesichts der Tatsache, daß ja die bizarre, rätselhafte Welt unter der Erdoberfläche, die Welt der Stalaktiten und Stalagmiten, der Höhlenbäche und Grottenlabyrinthe, der Zufluchtsort der Höhlenbären und die Stätte altsteinzeitlicher Rituale, kein »leerer Wahn« ist, sondern ein bestimmendes menschheitsgeschichtliches Faktum, sollten wir erwägen: Wäre es nicht verwunderlich, wenn angesichts des unglaublich hartnäckigen Festhaltens an den einmal registrierten Erinnerungen jeder Gedanke an die alten Höhlenheiligtümer restlos dahingeschwunden und erst später neu in den Märchen aufgetaucht wäre?

GLASBERG UND YGGDRASIL

Der Schamane ist nicht etwa bloß ein Opferpriester oder Kräuterdoktor, sondern seine Aufgabe ist es vor allem, sich in psychische Zustände erhöhter Sensitivität hineinsteigern zu können. Ein traumähnlicher Trancezustand löst ihn von der Alltagswelt los, mobilisiert seine Intuition und Phantasie, konfrontiert ihn mit den Personifikationen seines Unbewußten und läßt ihn den Kontakt mit hilfreichen Übernatürlichen suchen, während er mit feindlichen Dämonen kämpft. Wichtig ist, daß es sich dabei nicht um einen »Egotrip« handelt, sondern daß er seine »Anderswelt« im Dienste seiner Gemeinschaft sucht. In den religionswissenschaftlichen und ethno-psychologischen Quellenwerken gibt es zahllose Hinweise darauf, daß er in der Lage ist, »psychotherapeutisch« zu wirken und mit den Mitteln der Suggestivmedizin Krankheiten zu heilen; daß er überdies oft parapsychologische Gaben besitzt, um Vorhersagen zu machen, die seinen Mitmenschen dienen: Wann etwa eine Wetteränderung eintritt, wann Wildtierherden zu erwarten oder (an Meeresküsten) Fischschwärme einzukreisen sind. Der Schamane muß auch eine bestimmte Art der exklusiven Initiation durch einen Meister hinter sich haben, die ihn mit seinen potentiellen Möglichkeiten vertraut gemacht und ihm gezeigt hat, wie sie zu gebrauchen sind.

Nicht überall auf Erden sind die Tranceriten mit hypnotisch wirkendem Trommelklang und Loslösung von der Umwelt in reiner Form erhalten geblieben. Häufig werden auch bewußtseinsverändernde Drogen verwendet, die bei der Suche nach Visionen (der Psychiater würde meist von Halluzinationen sprechen) helfen sollen. Dieser Trancezustand ist charakterisiert durch »erhöhte Gefühlsbereitschaft und gespannte Konzentration auf monotone Rhythmen. Es ergibt sich eine veränderte Muskelspannung bei sonstiger Entspanntheit, eine gesteigerte Aktivierung der Phantasie bei schlafähnlicher (hypnoider) Loslösung von der Außenwelt, wodurch sich visionäre und auditive Erlebnisse (z.B. geometrische Formen, Farbschleier, schließlich personalisierte Inhalte des Unbewußten) zeigen. Der Neurologe beobachtet« (so L. Eschenbach in Drurys »Lexikon esoterischen Wissens«) »im Elektro-Enzephalogramm ›langsame Theta-Gehirnwellen‹, der Körper produziert Beta-Endorphine, d.h. unwillkürlich abgesonderte Halluzinogene... Intuitive Erkenntnisse im Sinne einer ›Mehrleistung‹ gegenüber der Alltagswelt, etwa Hellsichtigkeit, sind offenbar möglich.«

Materialistische Religionsforscher haben die Schamanen aller Zeiten und Völker gern als Scharlatane und trommelnde Gaukler abqualifiziert — ohne zu bedenken, daß sich diese Institution bestimmt nicht ohne jegliche Erfolgsbestätigung an so vielen Orten und seit so langen Zeiten am Leben erhalten hätte. Es ist zu bedenken, daß es bereits in den Grottentempeln der Eiszeitmenschen Schamanen gegeben haben dürfte. Felsritzbilder zeigen Menschen in charakteristischer Pose, mit dem Geweih-Kopfaufsatz, wie ihn auch die Schamanen sibirischer Volksstämme kennen. Jedenfalls ist aus Indizien zu erschließen, daß es in den Höhlenheiligtümern vor mehr als 10 000 Jahren nicht nur Jugendweiherituale, sondern auch schamanistische Kultübungen gegeben hat. Wären alle Ausübenden dieser Funktion nur Schwindler gewesen, die ihre Mitmenschen mit Gaukelwerk betrogen hätten, so wäre der Schamanismus längst von der Bildfläche verschwunden.

Der französische Ethnologe L. Lévy-Bruhl (1857–1939) bescheinigt dem »Zauberer und Medizinmann«, womit er in erster Linie den Schamanen meint, ganz allgemein, daß er auch in den einfachsten Gesellschaften über die für ihn belangvollen Pflanzen und Tiere Bescheid weiß. »Er kennt den Charakter und die Lebensweise der Säugetiere, Insekten, Vögel, Fische usw.; um nur ein Beispiel anzuführen, erzählt ein Forscher von den Papuas der Insel Mailu (Britisch-Neuguinea): Die Eingeborenen vermochten mir mühelos die Namen von 117 Bäumen herzusagen, unter denen 37 waren, die eßbare Früchte trugen. Sie nannten mir in kurzer Zeit die Namen von 191 Fischen und von 69 eßbaren Schalentieren, die sie auf den Riffen sammeln…«

Offensichtlich hindert die Auseinandersetzung mit den spirituellen Kräften und Mächten allgemein keineswegs daran, sich intensiv und zielführend mit seiner natürlichen Umwelt auseinanderzusetzen; die »harte Realität« ist jedoch in der Geisteswelt der Menschen, die Lévy-Bruhl »die Primitiven« nennt, nicht die einzige der Weltebenen, und die Rolle, die die alltäglichen Dinge in seinem Kosmos spielen, ist nicht dominierend. »Der Erfolg oder Mißerfolg bei der Jagd, beim Fischfang, bei der Landwirtschaft, im allgemeinen bei jedem Unternehmen… hängt ja doch vor allem von der geheimnisvollen Kraft oder den geheimnisvollen Kräften ab, die unsichtbar überall vorhanden sind und walten. Diese muß man sich gefügig machen, beruhigen oder sich günstig stimmen.« Das aber ist genau das Ressort, das der Schamane im Dienste seiner Gemeinschaft so gut als nur irgend möglich auszufüllen bestrebt ist — auch mit Hilfe von gezielt kultivierten psychischen Anlagen, die ihn zu »unerklärlichen« Leistungen befähigen.

Nun besitzt das Weltbild des Schamanen bestimmte Eigenheiten, die sich auch in manchen Märchen nachweisen lassen. Dabei ist der Kosmos in verschiedene Stockwerke gegliedert — unter der Menschenwelt breitet sich die Etage der Unterwelt aus, die wir bereits mit einer Erinnerung an die Kulthöhlen der Altsteinzeit und anderen Grotten in Verbindung gebracht haben. Märchen und Sagen, die sich mit dem Abstieg in ein Reich unter der Erde befassen, das der Held auf seiner Reise besuchen kann, hängen sicherlich damit zusammen. — Die Menschenwelt liegt als »Midgard« über dem unterirdischen Stockwerk des Kosmos, und hier spielen sich die normalen Reisen in die Außenwelt ab. Sie sind Expeditionen ins Unbekannte, das um den heimatlichen Bereich der Binnenwelt gelagert ist und wo sich der Held oder die Heldin zu bewähren hat, um den Status des reifen Menschen zu erreichen.

Über der Ebene der Menschheit liegt das Himmelsland, der Bereich der Wolken, aus welchen Regen und Schnee fallen, aber auch der als nahe Leuchten empfundenen Himmelskörper, von Sonne, Mond und Sternen. Sie sind nicht durch unvorstellbare Distanzen vom Menschenland entfernt, sondern können auch besucht werden und sprechen zu ihren Besuchern. Das Gefahrvolle einer Reise zu ihnen wird nicht verschwiegen (vgl. S. 63 ff.). Himmelskörper und Winde sind im Märchen keineswegs Götterwesen, sondern Gestalten einer anderen Weltetage, machtvoll, aber nicht allmächtig, ansprechbar, aber keineswegs freundlich, oft gar kannibalisch veranlagt (vgl. S. 57). Immerhin können sie auch hilfreiche Ratschläge erteilen und den Weg zu jenem Ort weisen, an dem die letzte Aufgabe wartet. Die »Mutter der Winde« oder von Sonne und Mond tritt auf, gewissermaßen ein mütterliches Gegenstück zu »des Teufels Großmutter« in der Hölle (die oft genug höhlenartig beschrieben wird) — auch diese läßt sich ja erstaunlich oft dazu herbei, dem fremden Gast Schutz und Obdach zu gewähren. Auf diese Weise hilft auch die Muttergestalt der Oberwelt dem Menschen, der in diesem fremden Bereich seinen Weg sucht (vgl. die alte Frau im Dagawenda-Märchen).

Das Ziel der Himmelsreise ist sehr oft der geheimnisvolle Glasberg, den wir bereits im Zusammenhang mit dem Opfer des Hühner- oder Fingerknöchelchens erwähnt haben. Wer sich mit der Deutung eines solchen Himmelsberges befaßt, denkt wohl zunächst an Gletscherblöcke oder Eisberge, an einen eis- und schneebedeckten Gipfel. Tatsächlich handelt es sich offenbar um eine phantastische Beschreibung des »großen Nagels«, des Weltpfeilers, um den sich die Himmelskuppel mit den scheinbar »fest angehefteten Fixsternen« dreht. Der Stadtmensch unserer Tage kennt das Kreisen der Sterne um einen Punkt des Himmels am Polarstern nur aus astronomischen Büchern. Wer eine fest montierte Kamera mit geöffnetem Objektiv zum Himmelsnordpol richtet und ein Langzeitfoto macht, kann die kreisförmigen Spuren noch besser erkennen als der Hirte von einst, der auf freiem Feld bei seinen Schafen wachte und das Vergehen der Zeit an der Bewegung der Sterne ablas. Es scheint, als drehe sich das kuppelartige Himmelsgewölbe um eine unsichtbare Achse, die wie eine Zeltstange oder ein riesiger Pfeiler diese dunkle Decke unterstützt.

Da aber dieser Weltpfeiler als Drehachse sichtbar sein müßte, wenn auch aus weiter Ferne, scheint sich das Bild eines

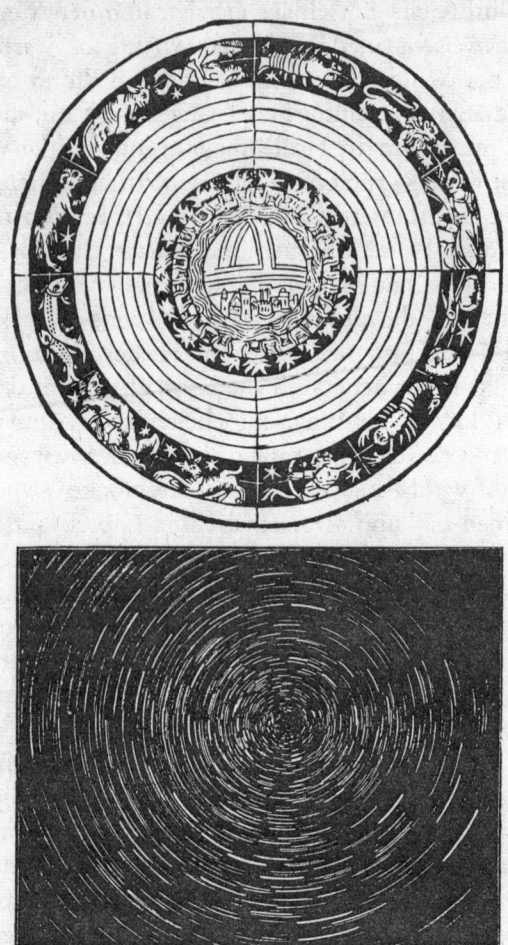

Der »runde Himmel«. Oben: Tierkreis und Himmelssphären (»Practi-
ca Raymundi Lulli«, 1523). Unten: Langzeitfoto der um den Himmelsnordpol kreisenden Fixsterne, 1898.

zwar festen, aber durchsichtigen und daher nicht erkennbaren Weltachsenberges manifestiert zu haben. Ganz oben steht »das Schloß des Nordens«, dort herrscht eine Schicksalsmacht und warten in unerreichbar scheinende Fernen gebannte Seelen auf ihre Erlösung und die Rückkehr in die Menschenwelt. Nur sehr wagemutige Wanderer entlang der vertikalen Weltachse, die alle Stockwerke des Kosmos verbindet, können in den Unter- und Oberwelten alle dort lauernden Gefahren überwinden und die existentiellen Aufgaben bewältigen — den Schamanen gleich, die in tiefer Trance die verschiedenen Bereiche aufsuchen, um mit den Übernatürlichen Verbindung aufzunehmen.

Wer den Glasberg nicht erklettert oder in der Lage ist, seine Steilheit zu Pferd zu bezwingen, kann seine Spitze auch im Fluge erreichen. Der Schamane kennt das Gefühl des Leichtwerdens und Emporschwebens, der seelischen Levitation; ein ferner Nachklang dieses Seelenfluges ist der Luftritt der Hexen zum Blocksberg oder Brocken (oder zu einem der anderen Hexenberge, die vielleicht einst Höhenheiligtümer trugen). Flugvisionen werden in vielen Märchen beschworen, was freilich auch auf die nicht gerade seltenen Flugträume zurückgeführt werden kann. Interessant ist jedoch das Motiv, daß der Märchenheld von einem Zaubervogel durch die Luft getragen wird — und wieder drängen sich Vergleiche zu den Vogel-Hilfsgeistern der Schamanen auf. Wie das Mädchen, das ihre verzauberten Brüder auf dem Glasberg erlöst, muß auch der Vogelreiter einen Teil seines Körpers opfern: nicht einen Finger, sondern ein Stück Fleisch aus seinem Bein, womit er seinen Träger füttert. Zwar hat er viel Fleisch mitgenommen, um sein Reittier ernähren zu können, doch es reicht nicht ganz aus. Damit der Raubvogel nicht entkräftet landen muß oder seinen

Fluggast abwirft, muß dieser furchtlos ein Stück Muskel von seinem Bein abtrennen. Er ist nachher nicht etwa gelähmt oder verstümmelt, sondern das Selbstopfer war offensichtlich spiritueller Natur.

Über den Glasberg selbst schrieb Jacob Grimm in seiner »Deutschen Mythologie«, daß die alten Litauer Klauen von Luchsen und Bären mit den Toten verbrannten, damit diese den steilen Berg erklimmen könnten, auf dem der göttliche Richter, Kriwe Kriweito, sitze. »Den Reichen wird es schwerer emporzuklimmen als den Armen, die von Hab und Gut unbelastet sind, falls sie keine Sünde beschwert. Arme Sünder führt ein Wind leicht wie eine Feder hinan, Reichen zerfleischt ein Drache (Wizunas), der unter dem Berg haust, die Glieder; dann werden sie von Sturmwinden emporgetragen. Der steile Berg heißt bei den Litauern *Anafielas*, bei den Polen *Szklanna Gora* (Gläserner Berg). Sie glauben, daß die verdammten Seelen ihn zur Strafe ersteigen müssen, und wenn sie den Fuß auf den Gipfel setzen, ausgleiten und herabstürzen.« Hier ist der Glasberg nicht mehr Bestandteil des allgemeinen Kosmos, sondern bereits deutlich als jenseitig gekennzeichnet, mit der Bereicherung durch das moralische Motiv von Lohn und Strafe.

Die Brüder Grimm vergleichen das Bergschloß-Motiv mit dem Flammensaal der »Waberlohe« in der altdänischen Sage von »Sivard und Brynild«, in dem die Walküre auf dem Glasberg sitzt. Nur ein besonderes Reittier, das Pferd Grani, kann dessen glatte Wände bezwingen. Das Pferd ist ein anderer tierischer Hilfsgeist, der die Weltenstockwerke zu erreichen hilft. Pferde als heilige Tiere, als hellsichtige Wesen und mächtige Helfer für Wissende treten in den Volksmärchen der Alten Welt auch sonst sehr häufig auf (»O Fallada, du da hangest ...«).

Der Glasberg ist jedenfalls ein interessanter Beleg dafür, wie alte Weltbildvorstellungen in den Märchen erhalten bleiben können. Wir erkennen ihn als Sonderform der Drehachse, die wie eine Spindel die Weltebenen verbindet. Es gab auch Berge, die in dieser Funktion gesehen wurden, wie altnordische Namen beweisen: Himinfjöll, Himinbjörg; Jacob Grimm erwähnt einen Himilînberg (*mons coelius*), auf dem Geister hausen, den Himilesberg in Hessen, den Himmelsberg in Vestgötland und Halland. Irdische, zum Himmel und in die Wolkenregion aufragende Berge wurden als Entsprechungen des mythischen Weltenberges angesehen, der wegen seiner Durchsichtigkeit den Augen des Menschen normalerweise entzogen ist.

Der kristallene Weltenpfeiler taucht auch in den irischen Seefahrermärchen auf, die wir als »Immrama« bereits erwähnt haben (S. 70). Die Geschichte von der Seefahrt des Maeldúin berichtet, daß die Schiffsreisenden mitten im Nordatlantik eine silberne Säule mit quadratischem Querschnitt entdeckt hätten, deren Spitze so hoch oben lag, daß sie sich der Sichtbarkeit entzog. Sie sei von einem silbernen Netz eingehüllt gewesen. Diurán der Reimer, der Begleiter des Maeldúin, habe ein Stück von diesem Netz losgehackt und es später als Opfergabe am Hochaltar der Kathedrale von Armagh hinterlegt. — Noch ausführlicher wird diese himmelhohe Säule in der im Mittelalter sehr beliebten »Seefahrt des heiligen Brendan« (*Navigatio Sancti Brandani*) geschildert. Im 22. Kapitel heißt es:

Die Seefahrer sahen einen hohen Pfeiler im Meer. Zuerst schien er ganz in der Nähe zu liegen, aber es dauerte drei volle Tage, bis das Lederboot ihn wirklich erreichte. Die Spitze war nicht zu sehen; ein grobmaschiges Netz, silberfarbig und härter als Marmorstein, umgab ihn. Die seefahrenden Mönche holten Mast und Segel ein und fuhren durch eine der Maschen des Netzes, das unter die Meeresoberfläche hinabreichte und sich, wie der Pfeiler selbst, in der Tiefe der kristallklaren See verlor. Als die Mönche an den Seiten des Pfeilers entlangfuhren, maß der heilige Brendan eine davon. Nach heutigen Maßeinheiten würde diese Quadratseite etwa 650 Meter ergeben haben. Auch auf der Schattenseite des Pfeilers war die Wärme der Sonne zu fühlen — er bestand also offenbar aus einem durchscheinenden Material. Am vierten Tag der Umfahrung fanden die Mönche in einer Nische des Pfeilers einen Kelch und eine Patene (einen Hostienteller). Nach dieser Erkundung fuhr das Lederboot weiter nordwärts, auf eine Höllen-insel zu, von der aus die Seefahrer mit glühenden Steinen beworfen wurden ...

Hier ist die Weltsäule zu einem Versatzstück des christiani-sierten, legendär verbrämten Seefahrermärchens geworden. Von der Spitze dieses »Glasberges« ist nichts mehr zu erfah-ren; sie liegt offenbar bereits in himmlischen Höhen, den Augen sterblicher Menschen entrückt. Fabulierfreude, Frömmigkeit und alte Weltbildelemente sind hier zu einer eigenartigen Synthese zusammengeschmolzen worden, die in den letzten Jahren ihre Faszination nicht verloren hat. St. Brendan wurde als »vorkolumbianischer Entdecker Ameri-kas« gefeiert, der etwa im Jahr 575 die Neue Welt erreicht ha-ben soll — eine interessante, aber unbeweisbare Vorstellung. Das Gespinst von mythischer Geographie und Erdkunde in unserem Sinn ist aufgrund der märchenhaften Details der irischen Seefahrergeschichten leider nicht hinreichend klar zu entwirren. Alwin und Brinley Rees vertreten in ihrem Werk »Celtic Heritage« mit guten Gründen die Ansicht, die Erzählungen von den fabelhaften Ländern im Westmeer hätten ursprünglich von Inseln im Jenseitsbereich gehandelt, auf welchen die Menschenseele nach dem irdischen Tod Zuflucht finden kann — daher die Schilderung glücklicher Inseln: Aircthech, das schöne Land; Ciuín, das milde Land, wo man herrlicher Musik lauscht und Wein trinkt; Mag Mon, die Ebene der Spiele; Mag Mell, wo Männer und Frauen sündenlos unter Büschen bei sorglosem Spiel auf duftendem Laub lagern; Tir na'n Og, das Land der Jugend; Tir na'm Ban oder Emain, wo zahllose liebeglühende Frauen und Mädchen warten; Inis Subai, die Insel der lachenden Menschen; Imchiuín, das sehr milde Land... Wer glaubt, nach dem Tode diese Inseln der Seligen zu erreichen, fürchtet das Sterben nicht mehr.

Diese mythisch-märchenhaften Erzählungen scheinen dazu ausersehen gewesen zu sein, die Menschen auf die Wunder der jenseitigen Welt vorzubereiten — also eine tröstliche *Ars moriendi* (Kunst des Sterbens) aus vorchristlichen Epochen. Diese Traditionen wurden nach der Missionierung Irlands oberflächlich mit moralisch-mönchischer Ideologie eingehüllt. Der Weltenpfeiler ist auch in dieser christianisierten Version eines »keltischen Totenbuches« erhalten geblieben.

Ein althochdeutsches Gedicht aus dem 11. Jahrhundert schildert die Herrlichkeit der Gottesstadt, des »himmlischen Jerusalem« so: »Síu ist in goldes sconi... Sie ist in des Goldes Schönheit gleich lichtdurchlässigem Glas, völlig durchscheinend und durch und durch rein.«

Der Weltenbaum Yggdrasil in der nordgermanischen Kosmovision. Illustration aus der 1824—26 erschienenen Edda-Ausgabe von Finnur Magnusson.

Eine andere, weitverbreitete Vorstellung ist jene vom gewaltigen Weltenbaum, dessen Wurzeln in den Höhlen der Unterwelt verborgen sind, um dessen Stamm sich die Menschenwelt angesiedelt hat und dessen Krone die Stockwerke des Himmelslandes und seine Bewohner trägt. Schamanenerzählungen kennen diesen riesigen Baum ebenso wie die Edda, die von der Weltesche Yggdrasil erzählt. Säule und Baumstamm lassen sich nicht immer trennen. Das Heiligtum der Sachsen, die Irminsul, wird als gewaltiger Baumstamm gedeutet, als irdisches Abbild des Weltenbaumes. Ehrwürdig alte und große Bäume waren auch ein wichtiger Bestandteil des nordgermanischen Heiligtums von Uppsala.

Um den Weltenbaum Yggdrasil gruppiert sich das nordgermanische Bild des Kosmos: »Weiß neun Heime — neun Weltreiche — des hehren Weltbaums Wurzeltiefen«, sagt die Seherin Wölwa. Im Zentrum steht der »alte Meßbaum«, dessen Name als »Pferd des Yggr« (Odin) erklärt wird. Es heißt, daß er als Selbstopfer an diesem Baum hing, um die geheime Kunst der Runenmagie zu erlernen. Von den Blättern des Baumes tropft Honigtau, und an seinen Wurzeln liegen heilige Quellen, der Urdbrunnen, die Nornenquelle und die weisen Mimir. Odin schöpft daraus Erkenntnis, nachdem er dort eines seiner Augen geopfert hat. An den Wurzeln nagt der Drache Nidhöggr, der neidisch Hackende, und auf der Baumkrone nistet ein weiser Adler. Ein Eichhörnchen, Ratatöskr (Rattenzahn), saust zwischen beiden auf und ab — doch es verkündet keine Lehren, sondern übermittelt bloß die Schmähungen, mit denen beide Wesen einander überhäufen. Während im Weltbild der Schamanen der Seher die vertikale Achse des Kosmos benützt, um in Trance die verschiedenen Ebenen zu besu-

chen, ist es hier bloß ein tückisches kleines Tier, das die
Stockwerke verbindet: wohl der unverstandene Überrest eines Geschöpfes der schamanistischen Kosmovision. Dort
ist der Weltpfahl oft der Stützbalken eines großen Zeltes,
mit Kerben versehen, um dem Seher in Trance die Reise
»durch die neun Welten« zu ermöglichen.

Martin Ninck schrieb (1935) über den Weltenbaum der
Germanen, er habe »Schicksalsbedeutung davon, daß er in
der Tiefe wurzelt. Wichtiger aber ist, daß er in die Zeit hineinwächst, seine Äste verzweigt gleich dem Stammbaum eines Geschlechts, Jahr um Jahr einen neuen Ring um sich
legt, sein Alter damit sinnfällig bezeichnend. Allbeherr-
schend steht Yggdrasil, ›der größte und beste von allen Bäumen‹, im mythischen Weltbild der Edda, hoch aufpfeilernd
die Krone, daß ›die Zweige bis über den Himmel emporra-
gen‹, in Abgrundtiefen hinabreichend mit den drei Wurzeln... Das Schicksal wächst von innen heraus wie ein
Baum, der — in der Tiefe wurzelnd — langsam groß wird
wie die Esche, die — hoch und gewaltig aufgewachsen — in
ein Steinalter zurückreicht und in der Tiefe neun Weltreiche mit ihren drei mächtigen Wurzeln umklammert.« In
der Wurzeltiefe liegt die Nornenquelle, wo die Spinnerinnen des Schicksalsfadens die Geschicke in Händen halten.
»Alles, was in der Tiefe, in Nornennähe wohnt, zeugt vom
Schicksal — vor allem das ihr entquellende Wasser und der
in ihr wurzelnde Baum. Wasser und Baum sind ebendarum
die wichtigsten Elementarsymbole« (Ninck), aber nicht
nur bei den Germanen. In dem »Buch Bahir« der mittelalterlichen jüdischen Geheimlehre, der Kabbala, heißt es:
»Ich bin es (= Gott), der diesen Baum gepflanzt hat, daß alle Welt sich an ihm ergötze, und habe mit ihm das All ge-
wölbt und seinen Namen ›All‹ genannt... Wie der Baum

durch das Wasser seine Früchte hervorbringt, so mehrt auch Gott durch das Wasser die Kräfte des Baumes. Was aber ist Gottes Wasser? Das ist die Weisheit...«

Daß der Baum nicht nur räumlich Himmel und Erde verbindet, sondern in den Märchen auch eine Art von »Zeitachse« darstellt, daß er, wie Ninck es ausdrückte, »in die Zeit hineinwächst«, wobei der Baum die ganze Schöpfung verkörpert, ist bekannt. Es gibt Märchen mit mythischen Zügen, bei welchen ein Kletterer einen wundersam aufgewachsenen Baum besteigt, dessen Krone sich in den Himmelshöhen verliert, und dabei mehrere Äxte abnützt, die er als Steighilfe verwendet. Er kommt schließlich in die himmlischen Stockwerke und erfährt, daß die Tage, Wochen, Monate und Jahre durch die Blätter, Ästchen, Zweige und Hauptäste verkörpert werden. Die Zeitdimension ist in jenen Märchen vergessen, in welchen eine zum Himmel emporgewachsene Bohnenranke (ohne jegliche Stütze?) einem armen Mann den Weg zum Himmelspförtner Petrus ermöglicht. Dieses Motiv erscheint in französischen und italienischen Märchen, während in der in England populären Version »Jack o'the Beanstalk« der Kletterer im Himmelsland nur einen dämonischen, menschenfressenden Riesen antrifft, ihm einen Schatz stiehlt und den Widersacher aus dem anderen Weltenstockwerk schließlich ums Leben bringt. Schamanen, die in Trance die anderen Weltetagen aufsuchen, handeln in ihrem Bereich ganz ähnlich.

Der Weltenbaum Yggdrasil wird, so heißt es in der Edda, am Ende der Zeiten durch Feuer vernichtet werden und laut krachend zusammenstürzen. Sein Schicksal ist gleich dem Schicksal der Welt — solange die Yggdrasil grünt, bleibt die Ordnung erhalten. Einzelne Familien hatten bei ihren Höfen ehrwürdige Bäume, deren Wohl in ähnlichem Sinne mit jenem der Sippe verbunden war. »Solange der Baum lebte und wuchs, ging es den Bewohnern des Hofes gut; starb er, so wurden sie von Krankheit und Mißgeschick befallen« (Derolez). Im mitteleuropäischen Brauchtum ist der Baum des Lebens in ähnlichem Sinn verankert; vielfach pflanzte der Vater bei der Geburt eines Kindes einen Baum, der mit dem Geschick dieses neuen Menschen in »sympathetischer Beziehung« gesehen wurde. Gesundheit und Wachstum beider Geschöpfe wurden innig verbunden erlebt — wenn das Kind kränkelte, sah man dies auch dem Bäumchen an. Dieser »Sympathiebaum« wird auch in dem bekannten Märchentypus von den zwei Brüdern repräsentiert, von dem zahlreiche Varianten überliefert wurden. Wenn der Baum des einen Bruders verdorrt, erkennt der andere daran dessen Todesgefahr und zieht aus, um ihn zu retten. In unserer Zeit ist die Analogie zwischen dem Leben der Menschheit und dem Leben der durch Umweltschäden gefährdeten Bäume kaum zu verkennen...

Bekannt ist das Motiv des Baumes, der mehr ist als ein bloßes Gewächs, auch im Zusammenhang mit dem berühmten Märchen von Aschenputtel (Aschenbrödel, Eschengrüdel, Cinderella, Cendrillon, Cenerentola...), wobei wir es mit einer Art von »Seelenbaum« zu tun haben. Die sterbende Mutter trägt ihrer Tochter auf:

»Liebes Kind, ich muß dich verlassen, aber wenn ich oben im Himmel bin, will ich auf dich herab sehen, pflanz ein Bäumlein auf mein Grab, und wenn du etwas wünschest, schüttele daran, so sollst du es haben...« (Grimm, Fassung von 1812). Das eingepflanzte Reis »wuchs aber und ward ein schöner Baum. Aschenputtel ging alle drei Tage einmal darunter, weinte und betete, und allemal kam ein weißes Vöglein auf den Baum, und wenn es einen Wunsch aussprach, so warf ihm das Vöglein herab, was es sich gewünscht hatte« (Grimm, Fassung von 1856). Das Vöglein ist der in der Religionswissenschaft wohlbekannte Seelenvogel, das Bäumchen ein potentieller Seelensitz — ein uraltes Motiv, das auf jungsteinzeitliche Motive zurückgeht oder sogar auf den »Vogel auf der Stange« in dem eiszeitlichen Höhlenbild im »Schacht des toten Mannes« der Grotte von Lascaux in Frankreich.

Daß ein Baum auf einem Begräbnisplatz in geheimnisvoller Weise bestattetes Leben erwachen läßt, ist auch in dem weniger bekannten Grimm-Märchen von »Einäuglein, Zweiäuglein und Dreiäuglein« erwähnt. Die Mehräugigkeit, besonders das dreiäugige Wesen, erinnert übrigens an das orientalische Motiv des Stirnauges, ohne daß wir deshalb an echte Verbindungen denken müßten. In dem von den Brüdern Grimm 1856 veröffentlichten Märchen kommt eine weise Frau dem bedauernswert normalen Zweiäuglein zu Hilfe und gibt ihm als »Hilfstier« eine Ziege, die Zauberkraft besitzt, jedoch von den neidischen Schwestern geschlachtet wird. Aber »Zweiäuglein nahm das Eingeweide und vergrub's abends in aller Stille nach dem Rate der weisen Frau vor der Haustüre. Am andern Morgen... stand da ein wunderbarer prächtiger Baum, der hatte Blätter von Silber, und Früchte von Gold hingen dazwischen, daß wohl nichts Schöneres und Köstlicheres auf der weiten Welt war...« Der Baum erscheint wie ein Gewächs aus dem Himmelsland, und er führt das verachtete Zweiäuglein auch zum glücklichen Ende. Dann hat er seine Mission erfüllt und verschwindet.

Erwähnt werden soll bloß noch die durch den gelehrten Mönch Notker Balbulus (840—912) überlieferte Bezeich-

nung »Himmelgîbele« (Himmelsgiebel) als »höchste Weltachse«, die den Giebelbalken des mitteldeutschen Hauses
bedeutet. Dieser Giebelteil wurde als »Hausbaum« mit ver-
schiedenartigem Schmuck versehen.

Wir erkennen eine auch in den Märchen dokumentierte geistige Beziehung von auf den ersten Blick so verschiedenar-
tig erscheinenden Elementen wie Weltenbau, Drehachse
des Himmels, Glasberg, Himmelspfeiler, Weltenbaum, Lebensbaum und Menschenschicksal. Was bei oberflächlicher
Betrachtung getrennt erscheint, erweist sich unter dem
Blickwinkel eines geschlossenen Weltbildes als Symbol-
zusammenhang der kosmischen Harmonie: Nichts ist dem
regellosen Zufall überlassen, alle Teile der Welt stehen in
Wechselbeziehung. Der Kosmos ist kein regelloses Gebilde,
sondern »zentriert« aufgebaut und menschengerecht ein-

Verehrung der Sonne auf dem Wipfel eines Baumes. Detail aus dem *Papyrus Neb-
seni* der 18. Dynastie Ägyptens.

gerichtet. Der Mensch bewohnt nur ein einziges Stockwerk dieses Weltgebäudes und weiß, daß es auch andere Ebenen gibt. Diese kann nur der ausgebildete Seher erreichen, um dort für seine Brüder und Schwestern zu wirken. Auf der Menschenebene gibt es viel zu erforschen und zu entdecken, wenn der kleine Gesichtskreis der »Binnenwelt« überwunden werden soll, um tiefere Einsicht zu gewinnen; doch Auserwählte müssen auch die riskante Reise in die anderen Ebenen auf sich nehmen, die Höhe und Tiefe ermessen und ausloten.

Wenn der lebende Baum den kristallenen Glasberg ersetzt, so erkennen wir das tiefe Gefühl des Zusammenhanges zwischen dem Leben von Pflanze und Mensch. Wo wir sagen würden, daß der Mensch für die Pflanze verantwortlich ist und sie pflegen soll, heißt es in der Welt von Sagaheim: Baum und Mensch gehören zusammen, es herrscht zwischen ihnen ein magisches Band, das keiner näheren Erklärung bedarf. Sympathie bedeutet: gemeinsam fühlen, gemeinsam leiden.

DAS WASSER DES LEBENS

Der Religionsforscher Mircea Eliade vertrat die Meinung, daß die Zaubermärchen ihren Ursprung in nicht mehr verstandenen Schilderungen von Initiationsriten hätten. Wir haben uns mit diesem Gesichtspunkt bereits auseinandergesetzt. Ohne ihn konsequent verallgemeinern zu wollen, müssen wir die große Bedeutung anerkennen, die Motive wie Auszug aus der Binnenwelt, Expedition in den gefährlichen Wald, Schreckmoment, Lösung von Aufgaben, Neugeburt in ein gesteigertes Leben — in allen möglichen Varianten — als ein wichtiges Moment vieler Märchen besitzen.

Maurice Djenda aus der Zentralafrikanischen Republik erzählte der Journalistin Monika Pelz, was er im Dorf Biguene bei den Jugendweiheriten gelernt hatte. »Musik und Rhythmus. Verschiedene Handwerksarbeiten, vor allem Flechten und Schnitzen. Die Erwachsenen erzählten uns, wie Kinder gezeugt und geboren werden. Sie nannten uns die Aufgaben des Mannes im Leben. Sie lehrten uns, mutig zu sein: Sie erzählten uns Geschichten vom Wald, der furchtbarer ist als jener, in dem Löwen und Gorillas hausen — einem Wald, der bevölkert ist von Geistern und ruhelosen Seelen. Und in diesen Wald schickten sie uns, einen nach dem anderen. In diesen Geisterwald mußte auch ich in der Nacht, bei völliger Dunkelheit, gehen und aus einem Fluß Wasser schöpfen. Das Wasser mußte ich zurückbringen, zum Zeichen, daß ich wirklich am Fluß gewesen war ... Ich bin in den Wald gegangen und habe das Wasser geholt und bin wieder zur Lichtung zurückgekehrt, und jeder Augenblick war von Angst erfüllt; aber ich habe es überstanden« (Welsh, 1983).

Maurice Djenda fügte hinzu, daß strenge Schweigegebote mit furchtbaren Drohungen die Einweihungsriten vor Profanierung beschützen sollten, wie dies auch bei den Initiationen in elitäre Geheimbünde üblich ist. — Die Parallele zu dem Inhalt vieler Märchen ist nicht zu verkennen. Vor allem kommt nicht selten in ihnen vor, daß von einem Ort in der Außenwelt unter Überwindung vieler Gefahren das Lebenselement Wasser geholt werden soll. Das Grimm-Märchen »Das Wasser des Lebens« beginnt in der alten Schreibweise von 1812 so:

Es war einmal ein König, der ward krank und glaubte niemand, daß er mit dem Leben davon käme. Er hatte aber drei Söhne, die waren darüber betrübt, gingen hinunter in den Schloßgarten und weinten, da begegnete ihnen ein alter Mann, der fragte sie nach ihrem Kummer. Da erzählten sie, ihr Vater wär' so krank, daß er wohl sterben würde; es wollte ihm nichts helfen. Der Alte sprach: »ich weiß ein Mittel, das ist das Wasser des Lebens, wenn er davon trinkt, so wird er wieder gesund; es ist aber schwer zu finden.« Da sagte der älteste: »ich will es schon finden«, ging zum kranken König und bat ihn, er möcht' ihm erlauben auszuziehen und das Wasser des Lebens zu suchen, das ihn allein heilen könne. »Nein, sprach der König, dabei sind zu große Gefahren, lieber will ich sterben«. Er bat aber so lange, bis es der König zu-

gab; der Prinz dachte auch in seinem Herzen: »hol'
ich das Wasser, so bin ich meinem Vater der liebste
und erbe das Reich.«

Da es sich um drei Brüder handelt, weiß der Märchenkenner gleich, wie der Faden weitergesponnen werden soll: Die
beiden ältesten Brüder unternehmen die Reise, benehmen
sich aber hochfahrend. Einem Zwerg, der sie nach ihrem
Ziel fragt, geben sie die Antwort: »Du Knirps, das brauchst
du nicht zu wissen«, und verirren sich schließlich in einer
engen Bergschlucht, in der sie steckenbleiben und nicht wei-
terkönnen (eine Erinnerung an das Motiv der Klappfelsen,
der Symplegaden, in der altgriechischen Erzählung von der
Suche nach dem Goldenen Vlies?). Der jüngste Sohn ist hingegen freundlich, erzählt dem Zwerg von seinem Wunsch,
und dieser beschreibt ihm, wo das Lebenswasser gefunden
wird:

»...es quillt aus einem Brunnen, in einem ver-
wünschten Schloß, und damit du dazu gelangst, geb'
ich dir da eine eiserne Ruthe und zwei Laiberchen
Brot, mit der Ruthe schlag dreimal an das eiserne
Thor vom Schloß, so wird es aufspringen; inwendig
werden dann zwei Löwen liegen und den Rachen auf-
sperren, wenn du ihnen aber das Brot hineinwirfst,
wirst du sie stillen, und dann eil' dich und hol' von
dem Wasser des Lebens, eh' es zwölf schlägt, sonst
geht das Thor wieder zu und du bist eingesperrt.« Da
dankte ihm der Prinz und nahm die Ruthe und das
Brot, ging hin und war da alles, wie der Zwerg gesagt
hatte. Als die Löwen gesänftigt waren, ging er in das
Schloß hinein und fand einen großen schönen Saal,

und darin verwünschte Prinzen, denen zog er die Ringe ab; und dann nahm er ein Schwert, und ein Brot, das lag da. Und weiter kam er in ein Zimmer, darin war eine Prinzessin, die freute sich, als sie ihn sah, küßte ihn und sagte, er hätte sie erlöst und sollte ihr ganzes Reich haben; in einem Jahr sollt' er kommen und die Hochzeit mit ihr feiern. Dann sagte sie ihm auch, wo der Brunnen wäre mit dem Lebenswasser, er müßte sich aber eilen und daraus schöpfen, eh' es zwölf schlüge. Da ging er weiter und kam endlich in ein Zimmer, darin stand ein schönes frischgedecktes Bett und weil er müd' war, wollt' er sich erst ein wenig ausruhen. Also legte er sich und schlief ein, wie er aber erwachte, schlug es drei Viertel auf Zwölf. Da sprang er ganz erschrocken auf, lief zu dem Brunnen, und schöpfte sich einen Becher, der daneben stand, voll und eilte, daß er fortkam. Wie er eben zum eisernen Thor hinausging, da schlug's zwölf, und das Thor fuhr zu, so heftig, daß es ihm noch ein Stück von der Ferse wegnahm. Er aber war froh, daß er das Wasser des Lebens hatte und ging heimwärts und wieder an dem Zwerg vorbei. Als dieser das Schwert und das Brot sah, sprach er: »damit hast du großes Gut gewonnen, mit dem Schwert kannst du ganze Heere schlagen, das Brot aber wird niemals alle.« Da dachte der Prinz, ohne deine Brüder willst du zum Vater nicht nach Haus kommen und sprach: »lieber Zwerg, kannst du mir nicht sagen, wo meine zwei Brüder sind, die waren früher, als ich, nach dem Wasser des Lebens ausgezogen und sind nicht wieder kommen.«

»Zwischen zwei Bergen sind sie eingeschlossen,

sprach der Zwerg, dahin hab' ich sie verwünscht, weil sie so übermütig waren.« Da bat der Prinz so lange, bis sie der Zwerg wieder los ließ, aber er sprach noch: »Hüte dich vor ihnen, sie haben ein böses Herz.«

Das Märchen berichtet nun, daß die beiden älteren Brüder voll Neid ihren glücklicheren jüngeren Bruder betrügen wollen, ihm das Lebenswasser abnehmen und den Vater heilen. Dem Betrogenen teilen sie noch mit, daß einer von ihnen die schöne Prinzessin heimholen werde:

»... aber hüt' dich, daß du davon nichts dem Vater verräthst, er glaubt dir doch nicht und wenn du ein Wort sagst, so sollst du auch noch dein Leben verlieren, schweigst du aber, so soll dir's geschenkt seyn.«

Die Wahrheit kommt aber an den Tag, denn die vom Jüngsten mit Hilfe seiner Wunderdinge geretteten Könige legen für ihn Zeugnis ab, und die erlöste Prinzessin ersinnt ihrerseits eine Prüfung. Sie läßt die zu ihrem Schloß führende Straße mit Gold pflastern. Die beiden älteren Brüder sehen nur das Edelmetall, wollen es nicht beschädigen und reiten rechts und links von dem strahlenden Pfad vor das Tor, das ihnen aber verschlossen bleibt. Der jüngste Königssohn jedoch, von Sehnsucht erfüllt, beachtet das Gold nicht und reitet ohne Zagen auf das Tor zu — dieses öffnet sich, die Prinzessin empfängt ihren Liebsten, dessen Vater erkennt die Wahrheit an, das glückliche Ende ist erreicht; die beiden Betrüger aber »hatten sich auf's Meer gesetzt und waren fortgeschifft und kamen ihr lebtag nicht wieder«.
Dieses Märchen ist wieder in zahllosen mittel- und osteuro-

päischen Varianten bekannt, auch aus dem Kaukasus und Iran. Es erinnert an den sagenhaften Zug Alexanders des Großen nach dem Quell des Lebenswassers (der Unsterblichkeitsquelle), das in den mittelalterlichen Legenden in das Paradies verlegt wurde. Es wird auch als Jungbrunnen beschrieben, wobei ein verjüngender Born dieser Art auch in exotischen Traditionen eine Rolle spielt — so etwa die sagenhafte Bimini-Quelle in den Mythen der Indianer des südöstlichen Nordamerika. Jugend wird mit Heilung von allen Gebrechen und Alterserscheinungen gleichgesetzt. Ein Märchen aus der Provence, um 1300 erzählt, berichtet von dem Lebenswasser, das der jüngste Sohn eines unheilbar erkrankten Königs holt, nachdem seine Brüder versagt haben. Er tötet eine gefährliche Schlange, läßt sich nicht durch schöne Jungfrauen ablenken, auch nicht von Rittern, die ihm Waffen aller Art anbieten. Endlich kommt er zu der von einer wunderschönen Frau bewachten Quelle, bittet demütig um das Wasser und erhält die Antwort: »Mir ist von meinem Vater gesagt worden, ich solle jenes Ritters Weib werden, der alle ihm entgegentretenden Hindernisse siegreich bewältigen und unverletzt zu mir kommen würde. Und da du dieser bist, wirst du nicht allein vom Jungbrunnen haben, sondern ich selbst werde deine Gemahlin werden«, was auch geschieht.

Daß Wasser ein lebensspendendes Element ist, das Mensch und Tier tränkt und Pflanzen vor dem Verdorren schützt, ist überall bekannt. Wasserrituale, Flüssigkeitsopfer (Libationen), Wasser als Totenopfer — all dies ist daher weit verbreitet und reicht in Urzeiten zurück. Das trinkbare Gold (*aurum potabile*) als Lebenselixier gleich dem antiken Nektar der Mythen und dem Soma-Trank der indischen Traditionen spielte noch in der Alchimie der Neuzeit eine Rolle;

es sollte alle Beschwerden aus dem hinfälligen Körper verbannen. Es ist schwer zu sagen, was davon buchstäblich geglaubt wurde und was bildlich eine von Gebrechen freie Spiritualität andeuten sollte. In den zahlreichen Volksmärchen, die das Wasser des Lebens und der Erlösung von Versteinerung und zeitweiligem Tod zum Inhalt haben, mag die christliche Symbolik des Taufwassers, das ewiges Leben spendet, mitschwingen. Wenn jedoch zugleich die gefahrvolle Suche nach dem Lebensquell ausführlich erwähnt wird, so liegt der Gedanke an Einweihungs- oder Jugendweiherituale in der Art des zu Beginn des Abschnittes geschilderten afrikanischen Textes doch sehr nahe.

Da bei Jugendweiheriten auch von Zeugung und Geburt gesprochen wird, liegt im Zusammenhang mit dem Lebenswasser auch das Motiv der Quelle nahe, die Kindersegen bringt. Das Grimm-Märchen von den zwei Brüdern hat in der Urfassung von 1812 den Titel »Von Johannes-Wassersprung und Caspar-Wassersprung« und beginnt so:

> Ein König bestand darauf, seine Tochter solle nicht heirathen, und ließ ihr in einem Wald in der größten Einsamkeit ein Haus bauen, darin mußte sie mit ihren Jungfrauen wohnen, und bekam gar keinen Menschen zu sehen. Nah an dem Waldhaus aber war eine Quelle mit wunderbaren Eigenschaften, davon trank die Prinzessin, und die Folge war, daß sie zwei Prinzen gebar, die darnach Johannes-Wassersprung und Caspar-Wassersprung genannt wurden, und wovon einer dem andern vollkommen ähnlich war...

In einer anderen Version, bei Bolte-Polívka aufgezeichnet, macht eine Prinzessin in einem Turmgemach die sonderbare Erfahrung, daß ein Wasserstrahl zum Fenster hereinfällt. Sie heißt eine Dienerin ein Gefäß hinstellen, welches sich füllt, worauf der Strahl aufhört; beide trinken von dem Wasser und gebären zwei Söhne — Wasserpeter und Wasserpaul ... Später ist dann von einem Brunnen mit Lebenswasser die Rede, der hilft, ein glückliches Ende herbeizuführen und einen der von seinem Bruder irrtümlich getöteten Helden wieder zum Leben zu erwecken.

Es handelt sich also um eine Art »wunderbare Empfängnis« von zwei Brüdern, die später mannigfache Abenteuer bestehen müssen, durch das Trinken eines besonderen Wassers. Bestimmte Brunnen und Quellen werden häufig mit Kindersegen verbunden — etwa durch brauchtumsmäßige Besuche solcher scheinbar aus der »Mutter Erde« selbst stammenden Wasserstellen in Frankreich; Kindern wurde oft erzählt, daß ihre kleinen Geschwister aus solchen Gewässern gefischt worden seien. Wir denken dabei an das unterirdische Reich der Frau Holle, die Seelen aufbewahrt (vgl. S. 95).

In der Epoche, in der die Menschen der »fernen Urzeit« als hirnlose Wilde aufgefaßt wurden, herrschte unter vielen Gelehrten der Glaube, niemand hätte damals Sexualität, Zeugung und Geburt miteinander in Verbindung gebracht. Auch den dunkelhäutigen Ureinwohnern Australiens wurde diese »Urdummheit« zugeschrieben, weil sie bei der Entstehung neuer Menschen eine spirituelle Zeugung, die Verkörperung von Seelen, die an heiligen Wasserstellen warteten, für bedeutsamer hielten als das Wachstum der Menschenkörper im Mutterleib. Das wissenschaftliche Märchen von den »unaufgeklärten« Primitiven ist fast unausrottbar — so als hätte nie jemand beobachten können, daß isoliert lebende Frauen ohne Besuch eines Mannes keine Kinder bekommen können. Angesichts der scharfen Gabe zur Naturbeobachtung, die allen Jägervölkern eigen ist, mußte die Beobachtung von Brunft und Trächtigkeit bei Tieren dem Menschen ebenso geläufig sein wie der Zusammenhang von Zeugung und Schwangerschaft unter seinesgleichen. Erst der Stadtmensch mag unter gewissen Voraussetzungen »denaturiert« genug sein, um nicht mehr recht zu wissen, auf welche Weise neues Leben zustande kommt.

Wenn nun in den europäischen Volksmärchen (im Gegensatz zu jenen fremder Völker) alles Sexuelle und Erotische ausgeklammert wurde, so hat dies mehrere Ursachen. In erster Linie ist dafür die Leibfeindlichkeit der christlich-abendländischen Kultur verantwortlich, dann aber auch die Redaktion der Erzählstoffe mit dem Ziel, sie für die Kinderstube verträglicher zu machen. Es ist ja bekannt, daß das Erzählgut ursprünglich keineswegs nur Kindern aus gutem Hause zugemutet wurde, sondern daß es Allgemeingut war.

Überdies aber ist zu beobachten, daß die gesamte Sphäre von Geschlechtlichkeit und Weitergabe des Lebens auch bei den schriftlosen Völkern von einer gewisse Scheu umgeben wird, die sie davor bewahrt, im Alltagsleben ausgebreitet und profaniert zu werden. Bei den Jugendweiheriten wurde in der Abgeschiedenheit des Initiationslagers davon gesprochen, ohne jedoch den körperlichen Vorgang allein hervorzuheben. »Wunderbare Zeugungen« durch den Eingriff der Götter, Ahnen, der Übernatürlichen im allgemeinen erschienen als denkbar, was natürlich nicht bedeutet, daß der menschliche Normalfall unbekannt gewesen wäre. Daß auch die Mythen um das Lebenselement Wasser dabei zur Sprache kamen, ist nicht verwunderlich — auch nicht, daß diese Beachtung des Symbolhaft-Geistigen den Redakteuren der Volksmärchen bei ihrer Furcht vor Körperlichkeit sehr entgegenkam. So konnten Volksmärchen leicht zu salonfähigen Kindermärchen werden, in jeder Hinsicht »keimfrei«.

Eine gewisse Diskretion bei der Erwähnung von Geschlechtlichkeit und Zeugung ist jedenfalls auch in den nicht eigens »jugendfrei redigierten« Märchenstoffen nachweisbar — in Europa wurde dieser Bereich nicht so ausführlich beschrieben wie etwa in den orientalischen Märchensammlungen (»1001 Nacht«), aber immerhin auch nicht völlig verdrängt. Im Märchentypus ATh 304 (»Der gelernte Jäger«, besser nach H. Gehrts als »Das Nachtwachen-Abenteuer« charakterisiert) ist davon die Rede, daß der Erlöser einer in tiefem Schlaf liegenden Königstochter sich, von unsterblicher Liebe ergriffen, mit ihr geschlechtlich vereinigt und als Wahrzeichen eine Haarlocke, einen Schuh und einen Ring von ihr mitnimmt. In dieser Zeit war eine vereinzelte Nornengestalt gefesselt worden — eine alte Frau, die einen Faden von einem schwarzen Knäuel (der Nacht) ab- und auf einen weißen (den Tag) aufrollte. Als der erlösende Liebhaber, einer von drei Brüdern, nach einem Jahr die mitgenommenen Wahrzeichen vorweisen kann, erfährt er, daß er damals mit der schlafenden Prinzessin einen Sohn als Thronerben gezeugt hat, und er wird in Ehren aufgenommen. »Fest schläft auch im Goldvogelmärchen zweiter Art (ATh 551), das auch ›Wasser des Lebens‹ heißt, die Königstochter; auch sie wacht vom Beischlaf nicht auf« (Gehrts, 1989).

Lebenswasser und Zeugung gehören offensichtlich irgendwie zusammen, wenn auch zahllose andere Märchenmotive in die einschlägigen Erzählungen eingeflossen sind. Sexualität ist in den Volksmärchen, die ja nicht als Kindermärchen gelten können, in diskretem Rahmen vorhanden, wie auch bei den Jugendweiheriten der alten Epochen die Unterweisung in den »Tatsachen des Lebens« mit der Diskretion der Ehrfurcht vor dem Mysterium umgeben war.

Erwähnen wir an dieser Stelle noch, daß die erotischen Abenteuer des Zeus und anderer Olympier (in zahlreichen Gestalten) erst in der hellenistischen Epoche den Charakter pikanter Histörchen annahmen. Ihr Grundgedanke war ursprünglich in erster Linie jener der dynastischen Legitimation bestimmter Familien, die einen übernatürlichen Ursprung nachweisen wollten. So konnte es nicht ausbleiben, daß der Göttervater zum olympischen Casanova hochstilisiert wurde, der unter der Eifersucht der Hera zu leiden hatte wie seine Nachkommen...

VERWANDLUNGEN

... Voll Verwunderung sah er zu, wie die Mädchen
aus dem Himmelsland badeten, dann aber aus dem
Wasser stiegen und ihre Federkleider wieder anleg-
ten. Schon hatten sie sich wieder in Schwäne verwandelt, die leicht und frei zur Höhe schwebten — bis
auf die eine, deren Federkleid der Jüngling an sich genommen hatte. Vergeblich suchte sie danach und
schaute sehnsuchtsvoll nach ihren weggeflogenen
Schwestern aus ...

Das Märchen von der Schwanenjungfrau, die ohne ihr
Federkleid die Rückverwandlung nicht vollziehen
kann und einige Zeit bei ihrem menschlichen Gefährten
bleiben muß, ist weit verbreitet und in zahllosen Varianten
und in Verbindung mit anderen Motiven zu vielgestaltigen
Erzählungen verwoben worden. Immer geht es darum, daß
ein Wesen aus »Sagaheim« oder der »Anderswelt« in unsere
Realitätsebene hereingeholt wird, weil die ganz spezielle
Verkleidung geraubt wird, die dazu dient, den Rückweg in
den andersartigen Bereich zu ermöglichen. Einige Zeit
scheint die Entführung in die menschliche Alltagswelt
Glück zu bringen, doch die Sehnsucht nach dem anderen
Stockwerk des Kosmos ist in dem Fremdwesen noch immer
vorhanden. Wenn die Kleidung des Vogelwesens, das auch
das Hemd einer Taube, einer Wildgans, eines Geiers oder

eines anderen Geschöpfes aus der Oberwelt sein kann, wieder auftaucht, entflattert es. Ähnliche Erzählungen knüpfen sich auch an nordgermanische Traditionen um die Walküren, Odins Schildmägde, die als Schwanenjungfrauen beschrieben werden und in der Wieland-Sage in der Menschenwelt leben müssen. Federhemden bewirken die Verwandlung in die übernatürliche Vogelgestalt.

Odin selbst hat die Fähigkeit, sich durch Anlegen eines Adlerhemdes in ein Flugwesen zu verwandeln, als »nordischer Daidalos« (H. Kirchner), wie es ein Bildstein von der Insel Gotland, um 700 entstanden, deutlich genug darstellt. In dieser Verwandlung raubt er den Kessel mit dem Begeisterungstrank der Dichter, den Skalden-Met, der den Enthusiasmus des Geistesfluges ermöglicht. Schamanistische Züge sind bei der Tierverwandlung dieses Typs wohl unverkennbar.

Die Beispiele für verwandelte Wesen aus einem anderen Existenzbereich ließen sich aus den Mythen, Sagen und Märchen fast endlos vermehren. Oft geht es darum, daß ein Geschöpf aus der höheren oder sonstwie fremden Weltengegend nur widerwillig dazu bewegt werden kann, sich mit dem Menschen der Alltagswelt zu verbinden. Das schamanistische Motiv des Irdischen, der durch seine eigene Verwandlung selbst in die Lage versetzt wird, andere Bereiche zu besuchen, tritt dabei in den Hintergrund. Die Fremdwesen gehören entweder dem Luftreich an, also dem Stockwerk des Himmelslandes, oder dem Wasser. Wird in der Tiefenpsychologie der Bereich des Himmels mit dem »höheren Ich« oder »Selbst« in Zusammenhang gebracht, so ist der aquatische Raum jener des »kollektiven Unbewußten« im Sinne von C. G. Jung. Immer kommt es zu Konfrontationen mit Gestalten aus Welten, die jenen des Alltagsbewußtseins nicht vertraut sind, die aber schon wegen ihrer Fremdartigkeit erstrebenswert erscheinen. Wer ein ganzer Mensch werden will, möchte sich die Bereiche zu eigen machen, die noch unentdeckt auf ihn warten.

Im 14. Jahrhundert entstand das anonyme Märchenepos »Friedrich von Schwaben«, worin der Held den in einem Brunnen auf einer Bergeshöhe badenden drei Schwanenfrauen begegnet; eine von ihnen, Angelburg, veranlaßt er durch Kleiderraub, sich mit ihm zu verheiraten. Sie zieht nun mit ihrem irdischen Gemahl nach der »lichten Aue«, stirbt aber im neunten Jahr der Ehe. Ein länger dauerndes Glück mit einem Wesen der Himmelswelt ist offenbar undenkbar.

Die kurzen Ehen mit Wesen aus der Wasserwelt werden mit der Melusinen-Sage verglichen. Sie treten bereits im altindischen »Rigveda« auf, und zwar in der Geschichte von der Nymphe Urvashi und ihrem Gemahl, dem Prinzen Puruvaras. Scheinbar sind diese Motive vorwiegend auf den alten keltischen Raum konzentriert, doch kommt auch in dem Märchen »Talooet und Abistana« der Micmac-Indianer im kanadischen Nova Scotia ein entsprechender Zug vor. Wasserwesen und Vogelgestalten zugleich sind jene weisen Frauen, die im Nibelungenlied, Strophe 1474, Hagen von Tronje zwingt, ihm die Zukunft zu prophezeien. Wieder geschieht der Zwang durch den Raub der Vogelkleider.

Nicht immer ist die altertümliche Tierverwandlung in unseren vertrauten Stoffen ohne weiteres erkennbar. Denken wir nur an Lohengrin, den Erretter der Elsa von Brabant, der auch ein Wesen aus einem himmelsnahen Bereich ist — aus der Gralsburg —, aber nicht selbst im Federkleid auftritt. Weil dieser Gestaltwechsel im ritterlichen Epos nicht mehr glaubhaft erschien, mußte der Held als Schwanenritter auf andere Weise heimkehren: »Da kam in Eile sein Freund, der Schwan, geschwommen, hinter ihm das Schifflein; der Fürst trat hinein und fuhr wider Wasser und Wege in des Grales Amt« (Grimm, »Deutsche Sagen«).

Aber natürlich gibt es auch andere Tierverwandlungen. Menschen werden durch Zauber zu Bären (etwa in dem norwegischen Märchen »Der weiße Bär König Valemon«), zu Löwen (etwa in Grimms Märchen vom »singenden, springenden Löweneckerchen«), zum Frosch, Rehbock, Wolf und zu allen erdenklichen nichtmenschlichen Gestalten. Die Märchen dieser Motivgruppe werden als »Tierbräutigam«-Märchen zusammengefaßt. Es geht dabei darum, daß durch den Mut und Opferbereitschaft der eigentlichen Heldin der in tierische Gestalt gebannte Mensch seine animalische Gewandung abwerfen kann und dadurch zum erträumten Idealpartner wird.

Daß Märchenerzählerinnen in solche Geschichten unbewußt den Wunsch einfließen ließen, irgendein ihnen nahestehender Mann möge rauhes Fell und Bissigkeit ablegen und humaner werden, ist vorstellbar. Dazu kommt jedoch auch der Glaube an die Verwandlungsmöglichkeit, an die Austauschbarkeit von menschlicher und tierischer Gestalt. Zwischen dem Tier und dem Menschen besteht in den altertümlichen Geisteswelten kein prinzipieller Unterschied — Tiere können mit menschlicher Stimme sprechen, ohne daß dies als etwas Besonderes eigens angeführt würde. So ist die Zwiesprache jederzeit möglich, und gelegentlich ist die Verwandlung in ein starkes Tier sogar hilfreich, um große Gefahren besser bewältigen zu können.

In den Märchen der exotischen Völker kommen Tierverwandlungen naturgemäß häufiger vor als in den europäischen. In nordamerikanischen Indianermärchen gibt es den

Menschenbär oder Bärenmensch? Altsteinzeitliches Ritzbild, La Marche, Vienne (Frankreich).

Aufrechtstehender Bär. Sandstein-figürchen aus einem jungstein-zeitlichen Gräberfeld bei Tomsk, Sibirien.

Gestaltwechsel zwischen dem Menschen und Büffel, Dickhornschaf, Klapperschlange, Rabe, Adler, ja selbst — im Falle der bereits erwähnten Nagitschigummini — die Verwandlung eines Menschen in einen kleinen Laubfrosch. In den Mythen der kalifornischen Wintu(n) waren die Naturwesen von heute in der Urzeit erst Menschen: »Kar wurde der graue Kranich, Hilit die Hausfliege, Tsaroki die grüne Schlange, Hus der Geier, Sutunut der schwarze Adler, Hitschina die Wildkatze ...« In dieser Welt, schrieb dazu der Herausgeber der Erzählungen, Hans Rudolf Rieder, »gab es keine Schranken zwischen Mensch und Tier ... Das Wunder war für den Indianer noch lebendig, er kannte nicht die verarmenden Maßstäbe des Verstandesmäßigen«. Beispiele dieser Art aus anderen Regionen wären leicht zu vermehren. Alte Bildwerke, etwa in Form von Schnitzereien oder Felsbildern, zeigen immer wieder Mischwesen von Mensch und Tier.

In der europäischen Märchentradition wird der Gestaltwechsel in der Regel durch das bereits erwähnte Anlegen oder Ablegen eines Tierkleides (Felles, Federhemdes) herbeigeführt. Das Grimm-Märchen »Hans mein Igel« berichtet von einem unnatürlichen Kind, »das war oben wie ein Igel und unten wie ein Junge«. Es reitet auf einem Hahn durch die Welt (ein bizarres Bild, wie einem Gemälde von Hieronymus Bosch entsprungen), gewinnt nach mannigfachen Heldentaten die obligate Prinzessin — aber die ist angesichts dieser Mesalliance offenbar nicht sehr glücklich ...

Da ward Hans mein Igel von ihr bewillkommt, mußte mit an die königliche Tafel gehen und sie setzte sich zu seiner Seite und sie aßen und tranken. Wie's nun Abend ward, daß sie wollten schlafen gehen, da fürchtete sie sich sehr vor seinen Stacheln, er aber sprach, sie sollte sich nicht fürchten, es geschähe ihr kein Leid, und sagte zu dem alten König, er sollte vier Mann bestellen, die sollten wachen vor der Kammerthüre und ein großes Feuer anmachen, und wann er in die Kammer eingehe und sich in's Bett legen wolle, würde er aus seiner Igelshaut herauskriechen und sie vor dem Bett liegen lassen; dann sollten die Männer hurtig herbeispringen, und sie in's Feuer werfen, auch dabei bleiben, bis sie vom Feuer verzehrt wäre. Wie die Glocke nun elfe schlug, da ging er in die Kammer und streifte die Igelshaut ab, und ließ sie vor dem Bett liegen, da kamen die Männer und holten sie geschwind und warfen sie ins Feuer, und als sie das Feuer verzehrt hatte, da war er erlöst und lag da im Bett ganz als ein Mensch gestaltet, aber er war kohlschwarz wie gebrannt. Der König schickte zu seinem Arzt, der wusch ihn mit guten Salben und balsamierte ihn, da ward er weiß und war ein schöner junger Herr. Wie das die Prinzessin sah, war sie froh, und sie stiegen auf mit Freuden, aßen und tranken und ward die Vermählung gehalten, und Hans mein Igel bekam das Königreich von dem alten König.

Es ergeben sich mehrere Möglichkeiten der Auseinandersetzung mit diesen Verwandlungsgeschichten. Zunächst ist klar, was bereits angedeutet wurde: Die Tiergestalt ist nichts Endgültiges und Eindeutiges; was dem Alltagsverstand wie ein niederes Wesen erscheint, ist vom Menschen nicht durch einen unüberwindlichen Abgrund getrennt.

Auch im Tierkörper ist menschlich-verständlicher Sinn verborgen, Kommunikation ist möglich. Damit wird einem tiefen Gefühl der Verbundenheit aller lebendigen Gestalt Ausdruck gegeben — in noch höherem Ausmaß als im Falle des Baumes, der zwar auch mit dem Sagaheim-Menschen zusammenhängt, aber kaum jemals zu ihm spricht.

Dazu kommt der Gedanke der Verwandlungsfähigkeit. Wenn das Tierwesen seine Hülle ablegt, so zeigt sich, daß es in seiner wahren Gestalt menschlich ist, daß nur ein vorübergehender Zauber seine Tiergestalt bewirkt hat. Es gibt die Möglichkeit der Metamorphose, des Hervorholens der reifen Menschengestalt in verständlicher Form. Das Tierkleid kann sogar die Signatur des Außer- und damit Übermenschlichen sein.

Die Verwandlung kann daher einerseits ausdrücken, daß ein Wesen der Überwelt auf die Menschensphäre hinabgestiegen ist, aber andererseits auch besagen, daß ein Geschöpf mit bescheidenem Tierkleid im eigentlichen Sinn zum Menschen reifen kann. Metamorphosen der zweiten Art macht beim Jugendweiheritual der Heranwachsende durch, der seine Kinderkleider hinter sich läßt wie eine Igelhaut und dann zum »König« wird. Oft wird dabei darauf hingewiesen, daß die Zeit dafür reif sein muß — wer zu früh die Tierhaut abwirft, hat die regelrechte Wandlung zunächst verspielt und muß für diese Ungeduld büßen. Die Warnung vor unzeitgemäßer Initiation haben wir bereits im Zusammenhang mit dem Märchen »Bekennst du?« erwähnt. Erst dann, wenn die vorgeschriebene Frist verstrichen ist, darf das Bärenfell oder jedes andere Tierkleid verbrannt werden. Auch wenn der Wunsch danach noch so drängend ist, müssen die Regeln der Metamorphose respektiert werden.

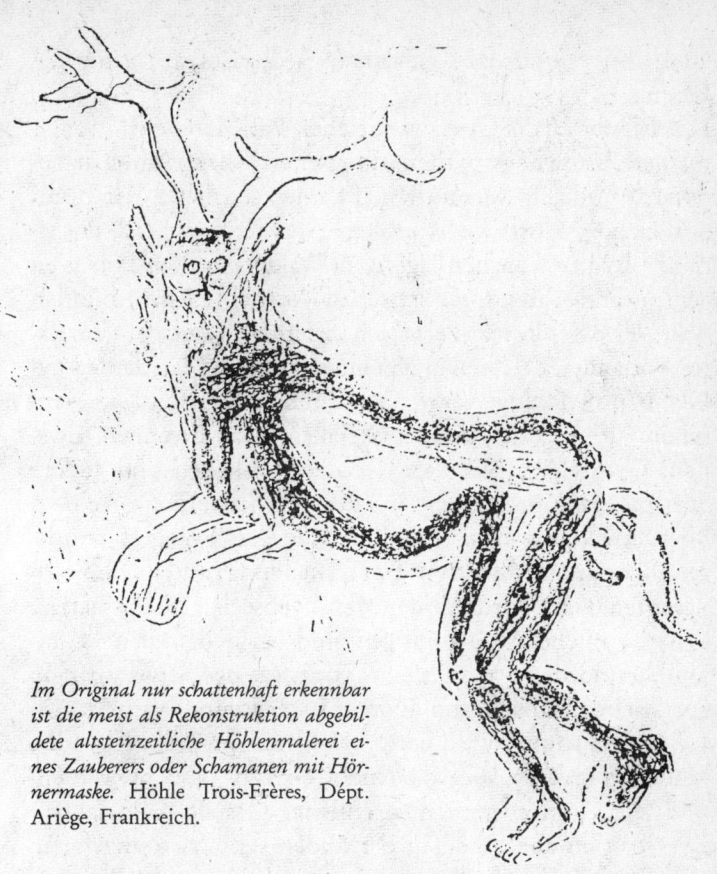

Im Original nur schattenhaft erkennbar ist die meist als Rekonstruktion abgebildete altsteinzeitliche Höhlenmalerei eines Zauberers oder Schamanen mit Hörnermaske. Höhle Trois-Frères, Dépt. Ariège, Frankreich.

Die Bärenhaut spielt in manchen europäischen Märchen eine recht bedeutende Rolle als Mittel, die Tier-Mensch-Verwandlung zu erklären. Das bekannte Märchen der Brüder Grimm von »Schneeweißchen und Rosenrot« hat zwar keinen hohen Quellenwert, da es aus dem Fabelbuch der Karoline Stahl übernommen und nur frei nacherzählt wurde; es enthält aber trotz seiner literarischen Ausgestaltung alte Motive, und dazu gehört auch die Entzauberung des Bären.

Der Glaube an die Urverwandtschaft Bär-Mensch ist in zahlreichen Ursprungsmythen sibirischer Volksstämme nachweisbar und geht vermutlich auf einen sehr alten Bärenkult zurück. Der russische Ethnologe Alexejenko schrieb ihn einer Kultur zu, »die den Jägern im Waldgebiet Nordasiens eigen und mit ihren totemistischen Vorstellungen verbunden war. Der Bärenkult äußerte sich in dem Vorrang, der dem Bären vor anderen Tieren eingeräumt wurde, und in dem festen Glauben an die enge Verwandtschaft des Bären mit dem Menschen.« Keten oder Jenissej-Ostjaken, Ajan-Ewenken, Ewenen, Orotschen, Najanen (Golden), Giljaken und andere Stämme erzählen von der Urmutter der Sippe, die von einem übernatürlichen Bären entführt und geschwängert wurde. Der Bär gilt als Mensch in Fellverkleidung, und die Seele eines toten Bären wird mit der Menschenseele gleichgesetzt.

Ganz ähnliche Anschauungen sind bei den Indianerstämmen des nordamerikanischen Nordwestens nachweisbar, so etwa bei den Haida und Tsimshian. Bei dem Salish-Stamm der Ntlakypamuk wird von zwei einsam im Wald lebenden Mädchen erzählt, die von einem Grizzly besucht werden, und zwar zunächst in menschlicher Gestalt. Bald jedoch zeigt er sich aber auch in der anderen Erscheinungsform, was die Gemeinschaft nicht beeinträchtigt. Schließlich hat der Bärengemahl Todesahnungen und wird auch tatsächlich von einem Jäger durch einen Herzstich getötet. Die Indianer erweisen dem erlegten Wesen alle Ehren und bringen ihm Opfer dar. Als er enthäutet wird, zeigt sich, daß unter dem Fell sein Körper wie der eines Menschen aussieht. Die beiden Witwen bleiben im Menschendorf und haben später gesunde Kinder.

Als Bär maskierter Medizinmann der nordamerikanischen Prärieindianer. Nach einem Gemälde von G. Catlin, 1841.

In anderen Indianermärchen ist von Bärenjungen die Rede, die sich später in normale Kinder verwandeln. Wer erinnert sich dabei nicht an die Geschichte vom »Bernhäuter« im Simplicissimus von Grimmelshausen? Ein »Teutscher Lands-Knecht«, heißt es da, hat sich in einem Wald verirrt,

da erschiene ihm ohngefähr, und ehe er sichs versahe, ein abscheuliches Gespenst oder Geist, weiß nicht, obs der böse Feind selber gewesen oder nicht, und sagte, wann er ihm dienen wolle, so wolte er ihm Gelds genug geben, und ihn endlich gar zu einem Herrn machen... und sagte: Wann du mir dienen willst, so mußt du mir sieben Jahr zu dienen versprechen... deine Haar und Bart weder kämpeln, noch selbige wie auch die Nägel nicht abschneiden, die Nase nicht schneutzen, deine Händ und das Angesicht nicht waschen, den Hindern nicht wischen, diese Beernhaut an Statt deines Mantels und Betts brauchen und niemals kein Vatter Unser beten. Hingegen will ich dich mit Comiß, Bier, Taback und Brandtwein versehen, daß du kein Mangel haben solst, und nach sieben Jahren einen solchen Kerl aus dir machen, daß du dich über dich selber verwundern wirst müssen.

So geschieht es — der Bärenhäuter wird zum Wildmenschen, zu einem zottigen Naturwesen im Bärenfell, das in der menschlichen Gesellschaft mit Abscheu betrachtet, wegen seines Reichtums aber dennoch beneidet wird. Mit seinem übernatürlich erworbenen Geld hilft er einem Menschen aus der Bedrängnis — unter der Bedingung, eine seiner Töchter zur Gemahlin zu erhalten. Die jüngste davon liebt ihren Vater so sehr, daß sie bereit ist, den menschlichen Zottelbären zu ehelichen.

> Der Geist kam hingegen wieder, und führte den Bernhäuter in den Rhein zum Bad; er richtete ihm seine Haar und beschoor selbige sampt dem garstigen Bart auff die neue Mode, und zierte ihn dergestalt auff durch besondern Anstrich, daß er dem schönsten Cavallier vergliche.

Die jüngste Tochter konnte zufrieden sein, während die beiden anderen »zugleich von Schamhafftigkeit und dem Neid gegen ihre Schwester angefochten wurden, als daß sich die eine selbst erhenkt, die andere aber in einen Brunnen stürtzte«. Der Geist hatte zwei Seelen erobert, der Bärenhäuter aber führte nach bestandener Prüfung als neuer Mensch ein glückliches Leben. Die Bärenhaut hatte er für immer abgelegt.

In dem italienischen Märchen »L'orza«, das im 18. Jahrhundert in Basiles »Pentamerone« aufgenommen wurde, verwandelt sich eine in Bedrängnis geratene Prinzessin in eine Bärin, indem sie ein Hölzlein in den Mund nimmt, das ihr die Amme gegeben hat. Im Wald findet sie ein Prinz, erblickt sie in Menschengestalt und gewinnt ihre Liebe. Dieses Märchen gehört zum Motivkreis der »Rauhhaarigen«, der in vielen Varianten auftritt und vielleicht mit alchimistischen Läuterungsideen zusammenhängt (»Allerleirauh«, Mausehaut, Eselshaut, Ziegenhaut...). Aber auch hier ist der Gestaltwechsel durch Fellkleidung und das Erscheinen der Menschenform nach ihrem Ablegen ein offenbar altes Grundmotiv.

Die Verbundenheit bestimmter Menschengruppen mit bestimmten Naturwesen, in der Regel mit Tieren, wird in der Völkerkunde als »Totemismus« bezeichnet. Das bedeutet, daß in einer Sippe (»Clan«) sich die Menschen mit einer Tierart gefühlsmäßig und sogar »verwandtschaftlich« zusammengehörig fühlen. Der Seeadler, der Wolf, der Bär, der Rabe, der Elefant oder was immer das Totemwesen ist — es wird mit Ehrfurcht behandelt. Ist es ein Jagdtier, dann darf es nicht getötet oder verzehrt werden. Ein übernatürlicher Ahnherr des Clans wird in Gestalt dieses Tieres verehrt, und die Menschen der gleichen Abstammungsgruppe fühlen sich blutsverwandt, so daß eine Ehe unter ihnen dem verabscheuten Inzest nahekäme (dies ist zumindest die am weitesten verbreitete Auffassung totemistischer Ideen; es gibt auch andere Formen, die jedoch weniger deutlich hervortreten).

Ein sehr enges gefühlsmäßiges Verhältnis zwischen bestimmten Tierarten und Menschen ist auch bei Jägervölkern zu beobachten, die nicht ausgeprägt totemistisch organisiert sind. Verbindungen zwischen derartigen Anschauungen und jenen des Schamanismus sind nicht selten zu beobachten, wenn von tierischen Schutzgeistern die Rede ist. Ein bestimmtes Tier (Adler, Falke, Wolf ...) ist oft der auch in greifbarer Form auftretende Hilfsgeist eines Menschen; dafür hat sich der Ausdruck »Animalismus« (Tierdenken) eingebürgert. Das Tier erscheint als menschenartiges Wesen, mit großen magischen Kräften begabt, seinem Verehrer innerlich verwandt. Daß dabei Mythen, Märchen und Sagen von Verwandlungen des Menschen in das betreffende Tier (und umgekehrt) naheliegen, ist leicht verständlich, wenn wir über die Grenzen der abendländischen Zivilisation hinausblicken. Wenn in unseren Märchen solche Motive auftreten, so zeigen sie mit hinlänglicher Deutlichkeit, daß hier in der Tat nicht nur »Kinderunsinn« weitergegeben wird, sondern Überlieferungsgut aus sehr alten Epochen: vielleicht aus jenen, in welchen der Mensch die Kultgrotten der ausgehenden Eiszeit mit großartigen Tierbildern ausstattete.

In der Tat bietet uns die Eiszeitkunst nicht nur Tierbilder von oft atemberaubender Lebendigkeit, sondern auch Bildwerke von Menschentieren oder Tiermenschen — wie Momentaufnahmen im Augenblick der Verwandlung wirkend. Handelt es sich um mythische Wesen aus einem anderen Bereich, um Wesen aus Wundergeschichten oder um maskierte Menschen?

Wahrscheinlich besteht zwischen all diesen Erklärungsmöglichkeiten gar nicht der große Unterschied, der für unsere Betrachtungsweise existiert. Wer eine Maskenverkleidung anlegt und sie rituell einsetzt, täuscht in den alten Gesellschaften ja nicht bloß eine Verwandlung vor, um seine Mitmenschen zu betrügen oder zu erheitern. Er fühlt sich in der Tat selbst verwandelt und ausgewechselt, von einer andersartigen Wesenheit überschattet und ergriffen. Er spielt nicht bloß eine Rolle, sondern erfüllt sie oder ist von ihr erfüllt. Das bekannte »Maskenphänomen« bedeutet auch, daß der Maskenträger unter der Gesichtsverhüllung den Ausdruck annimmt, den die Maske zeigt: drohend, lachend, zornig..., obwohl sein eigenes Gesicht verborgen ist. So stark wirkt der Maskenzauber noch in unserer Zeit — nicht nur im exotischen Ritual, sondern noch beim Kinderkarneval.

Karl Kerényi, der große Kenner der griechischen Antike, schrieb in seiner Studie »Mensch und Maske«, daß die verwandelnde Maskenkleidung mit dem Verhältnis des Menschen zur wilden Natur zusammenhänge. Diese Verbindung stamme aus jener Stufe der Menschheit, die mit dem Begriff des »Naturmenschen« umschrieben werde und »uns berechtigt, von einem ›Urgerät‹ zu sprechen... Die Maske verbirgt, die Maske erschreckt, sie schafft aber vor allem die Beziehung zwischen dem Menschen, der sie trägt, und dem Wesen, zu dessen Darstellung sie sich eignet... Die Maske — so darf ihre Funktion vielleicht am besten umschrieben werden — ist das Gerät der vereinigenden Verwandlung... ein Geheimkult-Gerät« (1948). Freilich hat sie im Laufe der Jahrtausende viel von ihrem einstigen Zweck verloren und ihre volle Bedeutung nur in kleinen Rückzugsgebieten erhalten können — etwa in den Tälern von Neuguinea oder in den letzten Urwäldern am Amazonas. Auch in manchen verkehrsmäßig wenig erschlossenen Gegenden Afrikas ist die Maske noch ein bedeutsames Ritualobjekt. In Europa ist diese einstige Bedeutung in unserer Zeit naturgemäß nicht mehr so leicht erfaßbar.

Daß im Volksbrauchtum Maskenverkleidung verschiedenster Art eine große Bedeutung besitzt, und zwar besonders im Alpenraum, ist dem Ethnologen bekannt. Fachleute der europäischen Volkskunde sehen Vergleiche mit den Masken exotischer Völker meist nicht gern, sondern betonen lieber die historisch erfaßbaren Besonderheiten; freilich ist es richtig, daß die Perchten-, Huttler-, Schemen- und anderen Masken des europäischen Brauchtums nicht religiös verankert waren und oft einen gut definierbaren geschichtlichen Ursprung haben. Ebenso unbestreitbar ist jedoch, daß auch in Gegenden, wo das Maskenwesen zur bloßen Fremdenverkehrsattraktion herabgesunken ist, die uralte Faszination der Verwandlung noch immer besteht, daß Akteure und Zuschauer nicht selten etwas wie nichtalltägliches Fühlen registrieren.

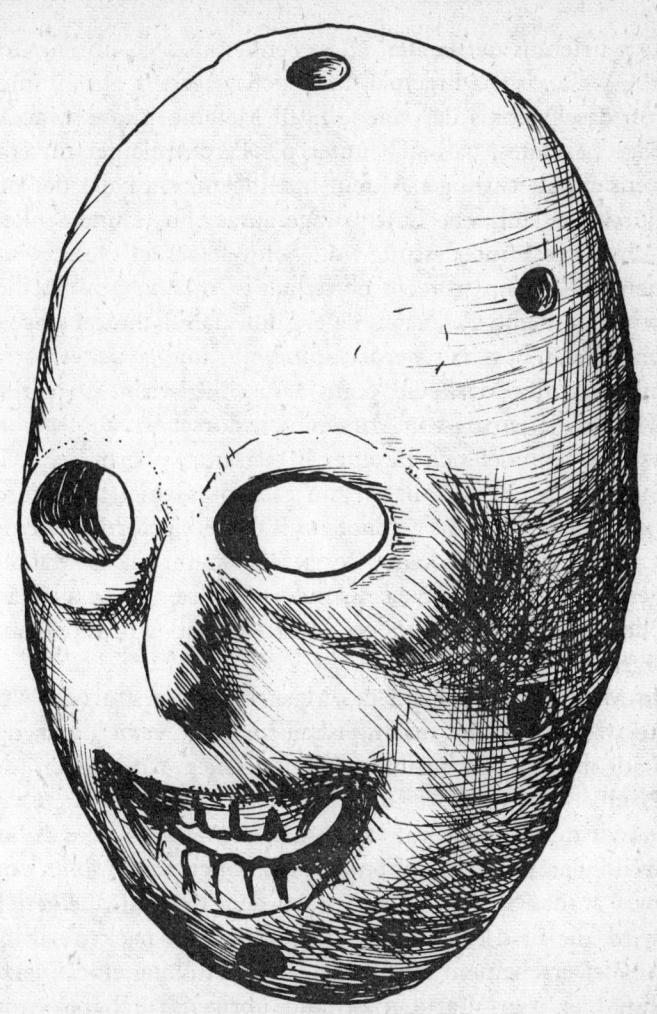

Die vermutlich älteste erhalten gebliebene Maske der Welt: ca. 20 cm hohe Kalk-steinskulptur aus dem jordanischen Hebron-Gebiet, Dhahariye, um 7000 v. Chr. entstanden. Sechs Bohrlöcher am Rand der gelblichen Steinmaske dienten zur Befestigung am Gesicht.

Das Erlebnis der echten »Besessenheit« durch übernatürliche Wesen ist naturgemäß hier nicht gegeben, aber immerhin das Erlebnis der zeitweiligen Metamorphose. Manche Sage berichtet, daß sich unter die Perchtenläufer unversehens ein überzähliger Akteur hineingemischt habe, der sich durch unglaubliche Luftsprünge auszeichnete und schließlich unter Hinterlassung von Schwefelgeruch verschwunden sei — denn so recht christlich ist dieses ganze Treiben wirklich nicht. Auch wurde erzählt, daß nicht auf geweihtem Boden bestattet werden sollte, wer infolge der Anstrengung solcher Maskenfeste an Herzschlag stirbt. Die älteste Maske, die jemals von Vorgeschichtsforschern ausgegraben wurde, befindet sich in einer Privatsammlung in Tel Aviv. Sie stammt aus Dhahariye im Hebron-Gebiet und wurde um 7000 v. Chr. aus gelblichem Kalkstein geformt: in einer Epoche, die noch keine Tongefäße kannte. Das Maskengesicht wirkt nicht bizarr, sondern mit seinem fossilen Lächeln eher wie eine moderne Karnevalslarve, dennoch aber irgendwie »jenseitig«.

In Mitteleuropa scheint das Maskenwesen erst ab der Völkerwanderungszeit nachweisbar zu sein, etwa unter den Langobarden, die in ihren oberitalischen Wohnsitzen (der Lombardei) das Wort *Masca* verwendeten. Es ist wurzelverwandt mit »Masche« und weist damit darauf hin, daß Verhüllungen mit geknüpften Netzen üblich waren. Dies erinnert an das Schwankmärchen, in dem die Aufgabe gestellt wird, die Frau des Rätsellösers solle weder nackt noch bekleidet erscheinen; sie tritt in der Verhüllung eines Netzes auf. Derartige »Tarnnetze« sind übrigens auch bei exotischen Volksstämmen bekannt. Bemerkenswert ist, daß im niederösterreichischen Mautern bei Krems an der Donau lebensgroße Tonmasken aus der späten Römerzeit gefun-

den wurden, »Kalbs- und Schweinsgesichter, zungen-
bleckende Menschengesichter« (Leopold Schmidt), von welchen jedoch nicht bekannt ist, in welcher Form sie verwendet wurden.

Im Hochmittelalter heißt im süddeutschen Sprachraum die
Maske »Schemen«, was auch Schatten und Gespenst bedeutet. Dieses Wort war in Wien zur Zeit von Kaiser Friedrich III. als »Schemshaupt« üblich, während es in den Städ-
ten Süddeutschlands zum »Schembart« wurde (Wien 1504:
»Schönnpart«). »Percht« oder »Bercht« war ursprünglich
der Name des Dreikönigstages am 6. Januar (Epiphanias,
»Erscheinung des Herrn«), an dem das winterliche Masken-
treiben der Rauh- oder Rauchnächte sein Ende fand. Diese
Bezeichnung ging auf die alte Ahnmuttergestalt der Frau
Berta oder Holle über, die wir früher erwähnt haben und
die als vorchristliche Hüterin der Seelen das Menschenland
heimsuchte. — Zu erwähnen ist hier noch, daß das lateini-
sche Wort für Maske *persona* lautet, was auch die Rolle in einem Schauspiel bedeutet. *Personam ferre*, die Maske tragen,
heißt »eine Rolle spielen«, und *persona* hat auch den Sinn
von Persönlichkeit.

Die Maske hat jedenfalls immer die Macht gehabt, das Gefühl der Metamorphose faßbar zu machen und eine Erlebnistiefe zu vermitteln, die sich auch in den alten Märchen offenbart, wenn vom An- oder Ablegen der Tierhaut die Rede
ist. Ganz offensichtlich entspricht es einem alten Bedürfnis
der Menschen, andere Welten zu erleben, andere Wesenhei-
ten zu spüren und die Alltagspersönlichkeit ad acta legen zu
können. Die Verwandlung kennzeichnet nicht nur den Eintritt in eine neue Phase des Lebens, sondern sie führt auch
die Existenz der »Anderswelten« greifbar vor Augen — ursprünglich ohne jede Koketterie, ohne Spiel mit der Täu-

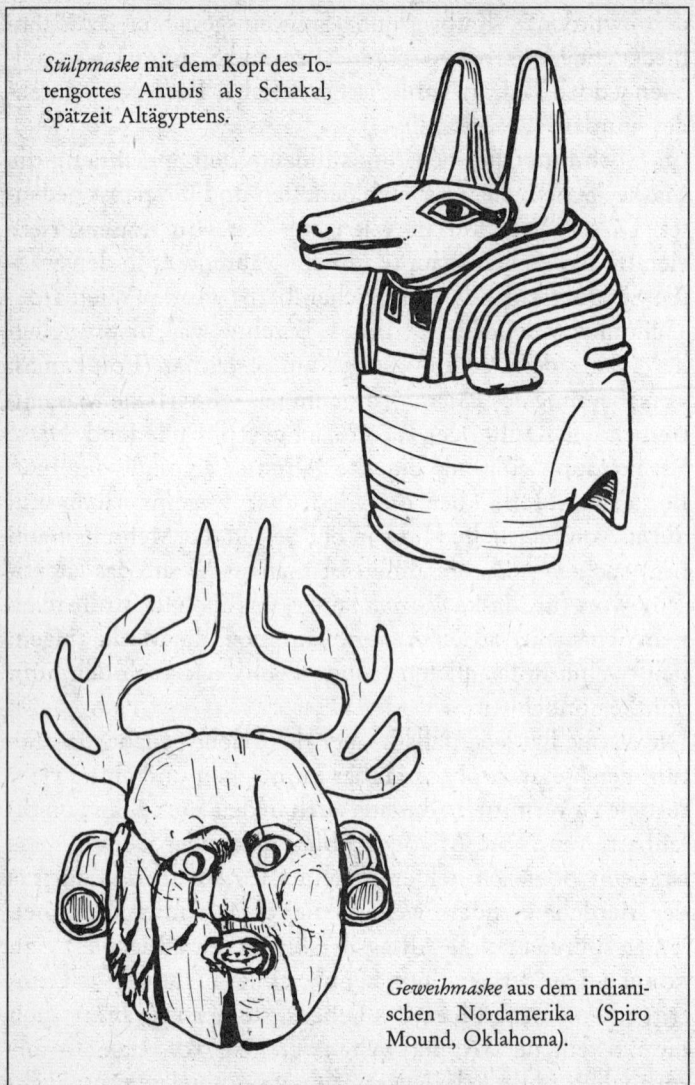

Stülpmaske mit dem Kopf des Totengottes Anubis als Schakal, Spätzeit Altägyptens.

Geweihmaske aus dem indianischen Nordamerika (Spiro Mound, Oklahoma).

154

schung. Hätte das Maskenwesen nicht eine befreiende und bereichernde Wirkung auf die Psyche, so wäre sein langes Leben über die Jahrtausende hinweg nicht erklärlich. Die mannigfachen Arten des Gestaltwechsels, die in den Märchen eine so große Rolle spielen, sind daher nicht Ausdruck kindlicher Unwissenheit über die vorgegebenen Grenzen, sondern vielmehr Ausdruck des Bedürfnisses, diese Trennungslinien überschreiten zu können, wenigstens zeitweise.

Die europäische Wissenschaft hat diese Grenzüberschreitungen gern als »primitiv« eingestuft. Der französische Ethnologe Lucien Lévy-Bruhl, der dem »Primitiven« gelegentlich die Fähigkeit zu logischem Denken absprach (wovon die heutige Forschung längst abgekommen ist), beobachtete die Geisteshaltung der »mystischen Partizipation«, der Teilnahme jedes Naturphänomens an einem ganzheitlichen Leben. »Es läuft darauf hinaus«, so faßt G. Maler-Sieber zusammen, »daß primitive Menschen zwischen sich selbst und anderen Existenzen ihrer Umgebung — Menschen, Tieren, Pflanzen, Geistern — keine festen Grenzen anerkennen und daß sie einen für unsere Begriffe ausufernden Begriff von ›Persönlichkeit‹ haben. In einem von mystischer Partizipation geprägten Weltbild, in dem alles auf geheimnisvolle Weise mit allem zusammenhängt, ist kein Platz für Zufälligkeiten...«

Auch dann, wenn wir nicht der Versuchung unterliegen, den Begriff »primitiv« als negatives Werturteil aufzufassen, wäre es wohl recht gut, wenn wir in unserem oft von technokratischen Kategorien geprägten Bewußtsein etwas mehr von dem Weltbild der mystischen Partizipation kultivieren könnten. Wer sich mit der gesamten Umwelt innerlich verbunden fühlt, wer ein Gespür für die Wandlungsfähigkeit alles Lebendigen bewahrt hat, wird nicht brutal und rücksichtslos die Ausbeutung der Natur anstreben. Dem indianischen, afrikanischen oder dem europäischen Jäger der Altsteinzeit wäre es nie eingefallen, Tiere ohne Notwendigkeit zu töten, Bäume in hemmungslosem Gewinnstreben abzuhauen oder Unrat auszubreiten, wie es der zivilisationsstolze, vernunftgeprägte Mensch unserer Zeit nur zu oft tut. Erst in der jüngsten Zeit breitet sich zögernd wieder die Erkenntnis aus, »daß alles auf geheimnisvolle Weise zusammenhängt«, und dieser Gedanke ist in keiner Weise »primitiv«.

Was wir uns erst mühsam auf dem Umweg über ökonomisch-ökologische Analysen erarbeiten müssen, ist in »Sagaheim« immer geläufiges und nie in Abrede gestelltes Ideengut. Dort gibt es nicht die tödliche Beziehungslosigkeit, die in unserer modernen Welt zu immer neuen Katastrophen führt und uns entgeistert in eine ungewisse Zukunft schauen läßt.

DRACHEN

Von allen Tieren, die kriechen, ist der Drache weitaus das größte«, schrieb vor fast 800 Jahren Guillaume le Clerc de Normandie. »Der echte Drache wird im Königreich Äthiopien gefunden. Er hat ein kleines Maul, einen großen Körper, und in der Luft glänzt er wie reines Gold. Er hat einen langen Schwanz und einen mächtigen Kamm. Großes Ungemach fügt er dem Elefanten zu, denn er schlägt ihn mit seinem Schwanz um und wirft ihn auf diese Weise nieder. Er hat kein tödliches Gift, aber er ist sehr groß, und mit seinem Schweif peitscht er alles nieder, was in seiner Reichweite liegt.«

Drachen sind in der Fauna von Sagaheim zwar weniger häufig vertreten als in den eigentlichen Volkssagen, wo mit ihrem Ende meist eine bestimmte Örtlichkeit, eine Höhle oder eine Schlucht, verknüpft ist; immerhin kommen sie häufig genug vor, um ihre Behandlung zu rechtfertigen: so etwa in dem Märchen von den zwei Brüdern, das wir in der Grimmversion der Urfassung von 1812 bereits erwähnt haben (»Von Johannes-Wassersprung und Caspar-Wassersprung«). In der Ausgabe von 1856 (»Die zwei Brüder«) wird der Drachenkampf ausführlicher geschildert:

Gar nicht lange, so kam mit großem Gebraus der siebenköpfige Drache dahergefahren. Als er den Jäger erblickte, verwunderte er sich und sprach: »was hast du hier auf dem Berge zu schaffen?« Der Jäger antwortete: »ich will mit dir kämpfen.« Sprach der Drache: »so mancher Rittersmann hat hier sein Leben gelassen, mit dir will ich auch fertig werden,« und atmete Feuer aus sieben Rachen. Das Feuer sollte das trockne Gras anzünden, und der Jäger sollte in der Glut und dem Dampf ersticken, aber die Tiere [hilfreiche Wesen, die im schamanistischen Sprachgebrauch »tierische Hilfsgeister« genannt würden!] traten das Feuer aus. Da fuhr der Drache gegen den Jäger, aber er schwang sein Schwert, daß es in der Luft sang, und schlug ihm drei Köpfe ab. Da ward der Drache erst recht wütend, erhob sich in die Luft, spie die Feuerflammen über den Jäger aus und wollte sich auf ihn stürzen, aber der Jäger zückte nochmals sein Schwert und hieb ihm wieder drei Köpfe ab. Das Untier ward matt und sank nieder und wollte doch wieder auf den Jäger los, aber er schlug ihm mit der letzten Kraft den Schweif ab, und weil er nicht mehr kämpfen konnte, rief er seine Tiere herbei: die zerrissen es in Stücke…

Der Jäger tötet den Drachen, um eine ihm zum Opfer vorgeworfene Prinzessin zu befreien. Alte Parallelen drängen sich auf: Perseus, der den Wasserdrachen Ketos tötet, um Andromeda zu befreien; der ritterliche Heilige, St. Georg; Drachentöter sind auch Götter und Heroen vieler Mythenwelten — der Donnergott Theshup bei den Hethitern, der den Illuyanka erschlägt; Amr im persischen Hamza-Nama; Beowulf bei den Angelsachsen, Sieger über Grendel; der ägyptische Sonnengott Hôr (Horus), Töter der Schlange Apophis (Apep); Apollon, der den Python von Delphi

Der Drachenkampf. Oben: aus einem russischen Holzschnitt des frühen 19. Jahrhunderts; unten: St. Georg als Drachentöter (A. Altdorfer, 1511).

159

erlegt, der germanische Donnergott Thor, Gegner der gewaltigen Midgardschlange (Jörmungandr); der babylonische Gott Marduk, Töter des Urzeitmonsters Tiamat; der japanische Sturmgott Susano-o, der eine achtköpfige Schlange besiegt ... Es scheint zur Pflicht der Helden gehört zu haben, die rätselhaften Urzeitwesen zu vernichten, die wilde Tierhaftigkeit, Feindschaft gegen alle Kultur und ungebändigte Naturgewalt verkörpern. Eine extreme Kraftprobe wird jedem Heros auferlegt, der sich im Dienst der Menschheit bewähren muß. War es etwa im Verlauf der speziellen Initiation in den Aufgabenkreis des Schamanen, Kriegers oder Königs vorgesehen, daß sich der Kandidat einer solchen — spirituellen oder realen — Prüfung unterwarf?

Der südafrikanische Autor Stuart Cloete legt in seinem bekannten Buch »Afrikanische Ballade« dem Thonga-Medizinmann Tembula folgende Rede in den Mund:

»Ich habe genauso wie die großen Medizinmänner vergangener Zeiten Schweres erduldet, um meine Kunst zu erlernen ... auch Wurzeln und Beeren habe ich gegessen. Und dann erst, als ich all dies getan und mich geläutert hatte, war ich für die schwere Prüfung vorbereitet, die jeder Medizinmann damals bestehen mußte, nämlich allein in den Sumpf zu gehen und mit den bloßen Händen die große Python zu töten ... Ich fand die Riesenschlange und ergriff sie am Hals. Sie umwand meine Schenkel und meinen Bauch. Ihre Augen, die wie glänzende Steine funkelten, starrten mir ins Gesicht. Sie riß das Maul auf, und da erblickte ich ihre Giftzähne [!], die wie kleine Wurfspeere aus Elfenbein aussahen. Und ich sah, wie ihre Zunge hervorschnellte, und sah das blutrote Tal ihrer Kehle, aber meine Hände umklammerten sie wie Eisenbänder, und ich hielt sie fest, bis sie mit weit geöffneten Augen starb ...«

Cloete wollte den Medizinmann offenbar auch als Groß-
sprecher charakterisieren; aber seine genaue Kenntnis der
Lebensumstände im einst portugiesischen Moçambique,
die ihm der Verfasser aus eigener Erfahrung attestieren
kann, läßt auf ethnographische Exaktheit schließen. Bei
den Thonga-Mashangani gehörte eine spezielle Mutprobe
zur Initiation des Heilers und Zauberers, die sich in der Art
eines »Drachenkampfes« abspielte. Ähnliche Erfahrungen
sind auch anderweitig belegt, wobei sich der Kampf nicht
unbedingt mit einem realen Ungetüm abspielen muß.
Auch eine geistige (oder halluzinatorische?) Auseinandersetzung ist denkbar.

Wir haben an anderer Stelle (S. 60) darauf hingewiesen, daß
die Tierwelt der Märchen Mitteleuropas mit Wolf, Bär,
Stier, Hirsch und anderen hier nicht mehr auffindbaren
oder selten gewordenen Geschöpfen auf ein großes Alter
der Erzählstoffe schließen läßt. Der Drache hingegen ist
hier ein Fremdkörper, denn diesen »gibt es nicht«. Wie
kommt ein Fabeltier in unsere Märchen, wenn diese mehr
sind als spielerische Phantasieprodukte?

Christlich-orientalischer Einfluß ist sicherlich vorhanden
— denken wir nur an die Geheime Offenbarung, die Johannes-Apokalypse: »Siehe — ein großer, roter Drache mit sieben Köpfen und zehn Hörnern und sieben Kronen auf seinen Köpfen. Sein Schwanz fegte den dritten Teil der Sterne
des Himmels hinweg und warf sie auf die Erde . . .«

Aber diese Vision allein reicht wohl nicht aus, um all die
zahllosen Mythen, Sagen und Märchen zu erklären, in welchen diese Ungeheuer eine Rolle spielen. Daß ferne Kunde
von Riesenschlangen und Krokodilen nach Europa hereingetragen wurde, ist denkbar, aber unsere Drachen sehen
doch etwas anders aus. Jedermann »weiß«, daß der Drache

Der siebenköpfige Drache der Johannes-Apokalypse (H. Burgkmair, 1523).

ein reptilisches Raubtier ist, mit Schuppenpanzer, scharfen Zähnen, lederigen Flügeln und feurigem Atem. Siegfrieds Gegner Fafnir bereitet in modernen Wagner-Inszenierungen dem Bühnenbildner Sorgen, wenn er kein allzu billiges Spektakel bieten soll, aber er ist eindeutig ein Märchendrache (in der Lieder-Edda geht die Tötung durch Sigurd weniger dramatisch vor sich: Der Held gräbt sich auf der Gnitaheide auf dem Weg des Drachen eine Grube, legt sich hinein, und als das lindwurmartige Wesen darüberkriecht, stößt er ihm von unten das Schwert durch den Leib, »und das ist sein [des Fafnir] Ende«).

Der Autor Wilhelm Bölsche (1861—1939) veröffentlichte 1929 das Buch »Drachen, Sage und Naturwissenschaft. Eine volkstümliche Darstellung«. Darin setzte er sich ausführlich mit den möglichen Erklärungen für die Existenz dieser Wunderwesen in den alten Überlieferungen auseinander. Er erwähnte die altbekannte Tatsache, daß es reptilische Großraubtiere einst wirklich gab — die Dinosaurier des Erdmittelalters, und diese Assoziation beherrscht auch heute noch die meisten Bücher, die sich mit den Drachen beschäftigen.

Der Paläontologe weiß, daß es im Mesozoikum eine ungemein vielgestaltige Fauna von zum Teil sehr großen Reptilien gab, zum Teil Pflanzenfresser, zum Teil aber auch Fleischfresser mit gewaltigem Gebiß. Der nordamerikanische *Tyrannosaurus rex*, der heute bereits in Jugendbüchern populär geworden ist, wurde als »die gewaltigste destruktive Maschine« bezeichnet, die jemals von der Natur hervorgebracht wurde — ein über sechs Meter hohes Monstrum, auf zwei Beinen laufend, sein Maul mit bis zu 15 cm langen Zähnen bestückt. Kein Siegfried oder Beowulf hätte einen Kampf mit einem solchen Ungetüm lebend überstanden.

Andere Saurier des Erdmittelalters hatten Flughäute entwickelt und erreichten Flügelspannweiten bis zu 12 Metern. Stacheln und Knochenplatten und bizarre Auswüchse an Kopf und Körper zeichneten viele der mesozoischen Großreptilien aus — der Gedanke drängt sich in der Tat auf, in diesen phantastischen Tiergestalten die Prototypen der Drachengeschichten zu sehen.

Die Schwierigkeit dabei ist bloß, daß keines Menschen Auge sie jemals lebend erblickt hat; wir kennen ihre Formen nur aus Büchern, die sich mit rekonstruierten Skelettresten auseinandersetzen und sie mit einiger Vorstellungsgabe so abbilden, als könnte man sie im Tierpark bewundern. Nur in dümmlichen Horrorfilmen treten zottige Urmenschen und Saurier als Zeitgenossen auf.

»Die Blüte jener reptilischen Saurier lag im Mittelalter der Erdgeschichte, also in Trias, Jura und Kreide, wie der Geologe die Einzelperioden nennt. Mit Lauf und Ausgang der Kreidezeit kam dann das besagte ›große Sterben‹. Von da an bis zur Gegenwart sind aber zweifelsfrei noch wieder mehrere Millionen Jahre, verteilt auf Tertiärzeit, Diluvialzeit [Eiszeit] und engere Geschichtszeit, verflossen. Althergebracht wieder drei bis vier Millionen, es können aber auch einige mehr sein... Dann trennten diese [die ersten Menschen] von den letzten Dinosauriern aber, sehr mäßig gerechnet, noch mehrere Millionen Jahre, in denen der Saurier nicht mehr, der Mensch noch nicht da war. Wie sollen sie sich gesehen und wie soll der Mensch Tradition von dort in seiner Drachensage bewahrt haben?«

Bölsche konnte die heute gültigen geologischen Zeitansätze noch nicht kennen; nach dem nunmehr von mehreren Disziplinen bestätigten Schema der Erdgeschichte sind seit dem Ende des Erdmittelalters nicht drei oder vier, sondern mindestens 70 Jahrmillionen vergangen. Der chronologische Abgrund, der die letzten Saurier von den ersten Hominiden trennt, ist wesentlich größer, als dies im Jahr 1929 zu ahnen war. Auch wissen wir heute, daß das Ende der Kreideperiode nicht in einem nahtlosen Übergang zur Erdneuzeit, zum Tertiär, führte. An dieser Zeitenwende muß sich eine unerklärliche Katastrophe ereignet haben, deren Spuren wir erst in den letzten Jahrzehnten genauer zu lesen gelernt haben. 150 Jahrmillionen hatten die Dinosaurier das Bild der Erde beherrscht — nun waren sie verschwunden. Kein dreihörniger Triceratops stampfte mehr durch die Steppen, kein Flugsaurier schwebte durch die Lüfte, kein Ichthyosauros durchpflügte das Meer. In den Tiefen der Ozeane waren die Ammoniten verschwunden, ebenso die meisten kalkbildenden Mikrolebewesen. Was übrigblieb, waren die noch unscheinbaren ersten Säugetiere, Reste der Landflora, wenige Reptilien (Schildkröten, Schlangen, Eidechsen, Krokodile) in stark verminderter Zahl; bald darauf erschienen die Vögel, die sich früher vom reptilischen Stammbaum abgelöst hatten. Die heute gültige Ansicht der Erdgeschichtsforscher geht dahin, daß ein drastischer Klimaverfall, eine rasch hereinbrechende Periode der Kälte, vielleicht verursacht durch eine Verdunkelung der Atmosphäre infolge von zahlreichen Vulkanausbrüchen, die »Drachen« und ihre Zeitgenossen tötete.

»In fast allen Fällen«, so A. J. Desmond, »verschwinden diese Lebensformen mit solcher Plötzlichkeit aus dem Gestein, daß viele Sachverständige von einer gleichzeitigen Dezimierung der weitverbreiteten Gruppen in weniger als einer Million Jahre sprechen ... Andere meinen gar, ein paar Tage hätten genügt. Die simultane Verheerung der gesamten Erdoberfläche hat einige auf den ersten Blick bizarre Erklärungen gefunden...« — das Bombardement mit kosmischer Strahlung nach einem Supernova-Ausbruch in der Nähe unseres Sonnensystems; der Einschlag eines Riesenmeteors mit einem hohen Gehalt an giftigen Schwermetallen; gesteigerte vulkanische Tätigkeit mit Ausstoß gewaltiger Rauch- und Aschenwolken, welche die Sonne verfinsterten. Es würde zu weit führen, die mannigfachen Erklärungsmodelle für eine Katastrophe anzuführen, die lange vor dem ersten Auftreten des Menschen das Bild der Erde verändert haben muß. Sicher ist nur, daß vor etwa 70 Millionen Jahren die »echten Drachen« von der Bühne des Lebens verschwanden.

Wenn es dennoch eine geheimnisvolle Kette des verborgenen Wissens geben soll, die jene Epoche vor der Vernichtung der Saurierwelt mit der Lebensperiode der Menschheit verbindet, so dürfen wir jedenfalls nicht an mündliche Überlieferung denken. Als der Tyrannosaurus auf Raub ausging, waren die fernen Vorfahren der Säugetiere und damit auch des Menschen noch kleine, bepelzte Wesen, den Koboldmakis ähnlich, doch mit einem wesentlich differenzierteren Gehirn als die Reptilien dieser Zeit ausgestattet. Könnte nicht, so fragte Wilhelm Bölsche, »in der Linie dieser stets stärkeren Gehirne eine Möglichkeit gegeben sein [zu] einer unendlich langfristigeren geistigen Überlieferung, als wir je für möglich gehalten — allen Ernstes noch bis in die wirkliche Kreidezeit zurück?« Bölsche erwägt, daß »körperliche Vererbung und das Substrat des Gedächtnisses etwas zuletzt Identisches wären«; daß sich also nicht nur in der Entwicklung des Körpers Erinnerungen an ältere Epochen erhalten hätten, sondern zugleich mit ihnen auch — wie wir heute sagen — Archetypen des Bewußtseins. Eine Art von Stammesgedächtnis hätte, angeborenen Instinkten ähnlich, auch Urerinnerungen an die Epoche der »echten Drachen« konserviert und ließe sie dann und wann wie Traumbilder längst vergessener Tage wieder an die Oberfläche des Bewußtseins steigen.

An dieser Stelle hatte Bölsche den Mut, einen umstrittenen Autor der damaligen Zeit zu zitieren, den »geistvollen Münchener Fachpaläontologen Dacqué«.

Edgar Dacqué (1878—1945) ist heute als Autor weitgehend vergessen, doch wurde seinerzeit sein zweibändiges Werk »Urwelt, Sage und Menschheit« (1924 u.ö.) viel diskutiert. Sein Verfasser, von anthroposophischem Gedankengut beeinflußt, vertrat die Meinung, daß es verkehrt sei, den Menschen aus dem Tierreich hervorgehen zu lassen — vielmehr sei die echte Abstammungslinie jene des Menschen von der Urzeit des Lebens bis heute, und die verschiedenen Tiergestalten hätten sich daraus als Seitenlinien abgespalten. Der Vormensch vergangener Epochen habe zwar anders ausgesehen als der Mensch der Neuzeit, aber er habe sein Artgedächtnis bewahrt. Der »Seelentypus Mensch« reiche weit in die Formationen der Erdgeschichte zurück; als Lebensform mit reptilischen Zügen sei dieses Wesen Zeitgenosse der Dinosaurier gewesen, und die Eindrücke aus dieser Epoche, unauslöschlich eingegraben, bildeten die echte Wurzel der in Märchen und Sagen erscheinenden Drachengestalt.

Damit wäre der Raubsaurier »Präger« der »Urprägung« (des Archetypus, um die Terminologie von C. G. Jung zu gebrauchen) des gewaltigen Reptilwesens mit Krallen, langen Zähnen und einem undurchdringlichen Schuppenpanzer. Daß Dacqué, der eine anerkannt geistvolle, aber doch exzentrische Lehre dieser Art vertrat, dafür mit dem Verlust seines akademischen Lehramtes büßen mußte, sei nur am Rande erwähnt. Sein Buch übertrifft an Reichhaltigkeit des wis-

Geflügelter Drache in Edward Topsells »History of Fourfooted Beasts and Serpents«, London 1658.

senschaftlichen Basismaterials und an Originalität alles, was an »phantastischer Wissenschaft« in der neueren Zeit dargeboten wurde, und bei etwas andersartiger Ausdrucksweise wäre es auch heute der Diskussion würdig — einzelne Irrtümer aufgrund des damaligen Wissensstandes sollen allerdings nicht übersehen werden. Da heute die Lehre von ererbten Archetypen des Unbewußten einen anderen Stellenwert besitzt als vor 1945, wäre die Auseinandersetzung mit der eigenartigen Entwicklungs- und Vererbungslehre des deutschen Erdgeschichtsforschers in unserer Zeit sicherlich interessant und lohnend. Zwar gibt es auch andere Erklärungsmodelle für die Existenz der Drachengestalt in den Traditionen, doch jene von Dacqué ist sicherlich die faszinierendste.

Es soll nicht verschwiegen werden, daß kein einziger Dinosaurier so ausgesehen haben kann, wie die märchenhaften Überlieferungen die Drachen schildern: als flügeltragendes Superkrokodil mit Schlangenhals, Feuer speiend und womöglich mehrköpfig. Immerhin gab es große Reptilien mit langem Hals (Diplodocus, Brontosaurus, Brachiosaurus), mit gewaltigem Gebiß (Tyrannosaurus, Megalosaurus), mit bizarren Stacheln und Knochenplatten (Triceratops, Styracosaurus, Stegosaurus) und mit Flügeln (Pteranodon). Eine Kombination all dieser Formen, im Fundus des archetypischen Gutes konserviert, ergäbe auf jeden Fall einen Drachen, der St. Georg vor eine fast unlösbare Aufgabe stellen müßte. Gluthauch und Mehrköpfigkeit allerdings sind offensichtlich phantastische Ergänzungen, um die Größe der Gefahr zu illustrieren.

Daß die Raubsaurier des Erdmittelalters wie Känguruhs auf den Hinterbeinen liefen, vermißte Bölsche im Traditionsbild des Drachen, fügt jedoch hinzu: »In gewisse assyrische Reliefs könnte man zur Not so etwas hineinsehen, aber hier handelt es sich um greifenartige Gestalten mit Federflügeln. Die Erklärung Dacqués, daß es in der Kreide vielleicht auch vogelhaft befiederte dinosaurische Reptildrachen gegeben hätte, obwohl bisher nie eine tatsächliche Spur derart gefunden worden ist, trägt doch zu sehr den Charakter des Gewaltsamen an der Stirn, bei dem das Original erst künstlich nach dem Vergleichsobjekt selbst umfrisiert wird.«

Nun wird aber in den letzten Jahren von naturwissenschaftlicher Seite ernsthaft die Frage diskutiert, ob die Dinosaurier wirklich wechselblütige Tiere waren — ob sie nicht warmblütig waren wie die mit ihnen verwandten Vögel und ob nicht einige von ihnen tatsächlich Federn trugen. Könnte etwa der flinke, kleine Compsognathus gefiedert gewesen sein? fragt A. J. Desmond in seinem Dinosaurierbuch, und gefiederte Saurier werden in neuen Rekonstruktionsversuchen neben beschuppten nicht selten gezeigt. Sollte die

Theorie von Edgar Dacqué, die Annahme verborgenen Wissens aus alten Epochen der Erdgeschichte, mehr für sich haben, als früher für den Fachmann denkbar war?

Wenn wir die »greifenartige Gestalt«, von der Bölsche mit Hinweis auf Dacqué berichtet, näher betrachten, so zeigt sie sich in der Tat als ein teils beschupptes, teils befiedertes Wesen mit jenen Vogelkrallen, mit welchen auch die Beine der aufrecht laufenden Saurier versehen waren. Groß ist die

Assyrisches Relief eines aufrechtstehenden, beschuppten Greifen-Mischwesens.

Ähnlichkeit mit einem dieser Ungetüme des Erdmittelalters freilich nicht, aber ein zoologisch richtiges Rekonstruktionsbild dürfen wir von einem assyrischen Relief wohl auch nicht erwarten.

Üblicherweise ist der Greif der traditionellen Bildwerke ein Mischwesen von Löwe und Adler, Beherrscher der Luft und der Erde. Der assyrische Name lautete K'rub, wovon sich der hebräische Engelname »Cherub« ableitet. In den griechischen Mythen tritt dieses Wesen ebenfalls auf, vermutlich als Motiv-Import aus dem Orient. Er galt als Reittier des Apollon und als Hüter jener Goldschätze, die im fernen Norden dem rätselhaften Volk der Hyperboreer gehörten. Auch die Rachegöttin Nemesis wurde durch den Greif symbolisiert. Alexander der Große soll in einem von Greifen getragenen Korb versucht haben, zum Himmel emporzufliegen...

Aber auch in Märchen ist der Greif vertreten. In der Ausgabe 1837 der Grimm-Märchen ist die Geschichte vom »Vogel Greif« enthalten, und zwar in alemannischer Mundart (»Vogelgrif«). Es handelt sich um eine Variante der Geschichte vom »Teufel mit den drei goldenen Haaren«; ein junger Held hat zwei schwere Aufgaben zu lösen: Er soll ein Schiff bauen, das über Wasser und Land fährt (vielleicht eine Erinnerung an den spätantiken Kultbrauch des Umzuges zu Ehren der Isis mit einem Schiffskarren, *carrus navalis*?), und er soll eine Feder vom »Vogelgrif« bringen — andere Varianten enthalten ähnliche Prüfungen. Der Held versteckt sich unter dem Bett des Greifen, und »z'mitzt e der Nacht, wo der Vogelgrif rächt geschnarchlet het, so längt der Hans ufe und rißt em e Fädere usem Stehl«. Er hilft durch das im Greifenhaus erworbene Wissen, irdische Probleme zu lösen, und gelangt zum glücklichen Ende. Der Vo-

Auch die ferne Kunde von Krokodilen kann das Drachenbild in den Märchen Europas mitgestaltet haben. Kupferstich bei Le Moyne, Saint Louis (um 1660).

Geflügelte Schlange im Tierbuch von E. Topsell, London 1658.

gel Greif ist hier kein Untier, sondern ein übernatürliches Wesen mit großer Weisheit, freilich menschenfeindlich. Dem Märchenhelden ist es nur mit Hilfe eines »Hilfsgeistes«, eines freundlichen Männleins, möglich, alle Prüfungen zu bestehen. Hier scheinen sich schamanistische Traditionen mit jenen von dämonischen Tierwesen zu verbinden, die vielleicht fernste Erinnerungen an befiederte Urzeitgeschöpfe bewahren.

Freilich wäre es zu simpel, alle Drachenvorstellungen sowohl von der Herkunft als auch von ihrer Rolle im Gang der Erzählung her über einen Kamm zu scheren. So wurde etwa vorgeschlagen, große Warane aus dem Tertiär als Zeitgenossen frühester Menschenformen zum Prototyp des Drachenbildes zu sehen. Die ferne Kunde von Nilkrokodilen und Riesenschlangen mag ebenfalls dazu beigetragen haben, diesem rätselhaften Wesen die typischen Reptilzüge zu verleihen. Es geht ja nicht einfach darum, bloß ein schreckliches Raubtier zu ersinnen, das dann doch eher als fleischfressendes Säugetier eine plausiblere Gestalt hätte annehmen können. Gefährliche Reptilien gibt es in Mitteleuropa nicht; die Frage, warum die Drachen der Märchen und Sagen als beschuppte und gepanzerte Raubtiere dargestellt wurden, ist also gewiß nicht unberechtigt.

Was die Bedeutung des Drachen im Erzählgut betrifft, so faßt Lutz Röhrich im Sammelband »Antiker Mythos in unseren Märchen« zusammen: »Er ist der Urdrache, der die Polis bedroht; er bewacht die Brunnen und Flüsse und bedroht die Menschen mit Trockenheit und Unfruchtbarkeit. Er ist in der christlichen Version der Teufel, der Glaubensfeind. Er ist der Staatsfeind; er ist der Nebenbuhler, der Liebeserfüllung verhindert.« Darüber hinaus tritt er oft als Hüter von Schätzen auf, besonders in den Höhlen der Berge,

Der Drache als Symbol des besiegten Teufels (Hohberg, 1675)

von wo aus er auch Hochwässer und Muren auf die Behausungen der Menschen herabsenden kann. Die Bezeichnung »Lindwurm« ist eigentlich eine Verdoppelung, denn das althochdeutsche *lint* (Schlange, Wurm) wurde in neuerer Zeit nicht mehr verstanden und mußte durch den gleichsinnigen Ausdruck -wurm verdeutlicht werden. Dieses Wesen, wie immer es heißen mag, hat aber in den Märchen noch eine Funktion, und zwar die wohl bedeutsamste: Es ist der lebendige Prüfstein für den jungen Helden, der sich bewähren muß.

SPUK UND »PSI«

In den Volksmärchen kommt auch ein Problemkomplex zur Sprache, der von materialistischen Aufklärern als »Aberglaube« (d. h. wahnhaft übersteigerte Glaubensbereitschaft jenseits aller Vernunft) bezeichnet wird, mit dem sich aber seit mehreren Jahrzehnten auch die akademische Wissenschaft auseinandersetzt — ohne daß deshalb der Stellenwert der betreffenden Phänomene bereits verbindlich hätte geklärt werden können. Es handelt sich um das große Feld des Okkulten, »Übersinnlichen«, der »Psi-Phänomene«, des Spuks, der Prophetie — also um all das, was die Parapsychologie in den Griff zu bekommen sucht.

In den Märchen spielt es eine geringere Rolle als in den Sagen, in welchen von Geisterspuk, von unerlösten »Weißen Frauen« und Wahrträumen in Verbindung mit bekannten Orten sehr oft die Rede ist. Aber auch in den Märchen fehlt dieser Komplex nicht — er wird ohne besondere Diskussion als bekannt vorausgesetzt. Denken wir nur an das Grimm-Märchen »von einem der auszog, das Fürchten zu lernen«, das wir bereits im Zusammenhang mit dem Schreckmoment im Verlauf der Initiation erwähnt haben. Von einem »jüngsten Sohn«, der dumm und ungeschickt ist, wird erzählt, daß er unfähig gewesen sei, das Gruseln seines älteren Bruders zu verstehen, wenn dieser nachts etwas holen und dabei »über den Kirchhof oder sonst einen schaurigen Ort« gehen sollte.

Oder, wenn abends beim Feuer Geschichten erzählt wurden, wobei einem die Haut schaudert, so sprachen die Zuhörer manchmal: »Ach, es gruselt mir!« Der jüngste saß in einer Ecke und hörte das mit an und konnte nicht begreifen, was es heißen sollte. »Immer sagen sie, es gruselt mir! Mir gruselt's nicht: das wird wohl eine Kunst sein, von der ich auch nichts verstehe ...« (Grimm 1856).

Daß ein unreifer Mensch nicht fähig ist, Schauder in vollem Umfang zu empfinden, weil seine Gefühlswelt diese Tiefen noch nicht ausgelotet hat, weil er dafür »keine Antennen hat« und einfach zu dumm ist, um Angst zu erleben, ist hier einfach genug ausgedrückt. Das Schreckmoment aber ist für den Weg in die Welt des reifen Menschen unerläßlich. So entschließt sich der Vater des Jungen seufzend, dieses Gefühl durch eine Inszenierung zu erwecken. Der Küster des Ortes ist bereit, dabei zu helfen, und der Junge erhält den Auftrag, zu Mitternacht im Kirchturm die Glocken zu läuten.

Du sollst schon lernen, was Gruseln ist, dachte der Küster, ging heimlich voraus, und als der Junge oben war und sich umdrehte und das Glockenseil fassen wollte, so sah er auf der Treppe, dem Schalloch gegenüber, eine weiße Gestalt stehen. »Wer da?« rief er, aber die Gestalt gab keine Antwort, regte und bewegte sich nicht. »Gib Antwort«, rief der Junge, »oder mache, daß du fortkommst, du hast hier nichts zu schaffen.« Der Küster aber blieb unbeweglich stehen, damit der Junge glauben sollte, es wäre ein Gespenst ...

Nach dreimaligem Anruf ist es dem Furchtlosen zu dumm — er wirft das »Gespenst« die Treppe hinab, daß es über die zehn Stufen hinunterpurzelt und mit gebrochenem Bein liegenbleibt...

Wir wissen, wie die Geschichte weitergeht; nach einer Nacht unter dem Galgen quartiert sich der Junge in einem Spukschloß ein, läßt sich durch bizarre Phantome aller Art nicht einschüchtern, birgt drei Kisten Gold und erlöst das Gebäude von seinen Heimsuchungen. Dann heiratet er, wie üblich, die Königstochter und wird von ihr mit einem Eimer kalten Wassers übergossen, in dem Fische zappeln. Nun endlich kann er ausrufen »ach, was gruselt mir« und ist damit, wie wir sagen würden, zum empfindenden Menschen geworden. Die weiß verhüllte reglose Gestalt als Gespenst ist dem Erzähler des Grimm-Märchens (1819, 1856) ebenso geläufig wie der »ortsgebundene Spuk«, den er freilich so farbig und dramatisch schildert, daß dies von den wissenschaftlich orientierten Parapsychologen niemals ernst genommen werden könnte.

Damit betreten wir ein Terrain, auf dem sich die kritische Wissenschaft auf absonderliche Weise schizophren zu gebärden scheint. Sie nimmt einerseits den Standpunkt der »normalen Alltagsvernunft« ein, die ganz genau weiß, »was es gibt und was nicht«. Es gibt keine Gespenster, keine Hexen, keine Dämonen, sondern nur Computerprogramme, Steuererklärungen und Parteibücher — das ist die echte Realität, und alles andere ist Nonsens für Kinder. Etwas weniger sicher ist der Normalbürger in seinem Urteil, wenn es um Wahrträume, Vorherwissen oder die »Anmeldung Sterbender« (das Künden, Abmelden) geht. Ist alles, was davon erzählt wird, nur eine Konsequenz der kritiklosen Selbsttäuschung? Über all dies gibt es kein verbindliches Urteil der nur von Außenseitern so gesehenen »Schulwissen-schaft«, die in Wahrheit alles andere als monolithisch struk-turiert ist; vielmehr differieren die Ansichten ihrer Vertre-ter in zahllosen Fällen ganz beträchtlich. Ganz besonders gilt dies dann, wenn die »Psi-Problematik« angesprochen wird. Lassen wir Hans Bender, den zweifellos bedeutend-sten Forscher auf diesem Gebiet im deutschen Sprachraum, zu Wort kommen:

»Parapsychologie, die Wissenschaft von den ›okkulten‹ Er-scheinungen, ist eine junge Teildisziplin der Seelenkunde, die sich mit der Untersuchung umstrittener Erlebnis- und Verhaltensweisen befaßt, die das normale Erkenntnisvermö-gen und die normale Wirkungskraft der Psyche und des Lei-bes anscheinend übersteigen ... Man spricht von ›parapsy-chischen‹ Vorgängen und bringt mit der Vorsilbe ›para‹ (ne-ben) zum Ausdruck, daß sie neben uns vertrauten, mit den Kategorien unseres Weltverständnisses begreiflichen Er-scheinungen auftreten oder aufzutreten scheinen ... Von der Seite des Skeptikers als eine wissenschaftlich verbrämte Form des Aberglaubens abgetan, wird sie von enthusiasti-schen Anhängern des ›Magischen‹ als geradezu blasphemi-scher Versuch gebrandmarkt, Methoden der rationalen Wis-senschaft auf wunderbare Zusammenhänge anzuwenden. ›Anti-okkultgläubige‹ Vorentscheidungen stehen gegen ›ok-kultgläubige‹. Beiden gemeinsam ist, daß sie affektiv auf das ›Unheimliche‹ reagieren.«

Gegner des »modernen Okkultismus« (Prokop und Wim-mer) formulieren in der Tat aggressiv genug: »Elend, Krank-heit und vorzeitiger Tod von Hunderttausenden durch gewis-senlose Okkultverbrecher, das sind die wahren Folgen des un-geistigen Schwärmertums, das nun von verantwortungslosen Multiplikatoren wieder zur Volksseuche geworden ist.«

Hier scheiden sich die Geister und Ungeister, und der arglose Leser könnte sich fragen, ob der »vorzeitige Tod von Hunderttausenden« nicht eher von profithungrigen »Vernünftigen« als von Schwärmern verursacht wird. Zweifellos aber geht die moderne Parapsychologie weder schwärmerisch noch verbrecherisch mit der großen Grauzone am Rand der Erkenntnis um, deren Phänomene nicht oder nur zum Teil in das normalerweise anerkannte Weltbild unserer Zeit zu passen scheinen; liegt dies daran, daß es diese Phänomene »nicht gibt«, oder sind die Grenzen unseres Weltbildes zu eng gefaßt? Kann uns das einleitend erwähnte Möbiusband helfen, über andere Dimensionen und Denkmöglichkeiten etwas mehr herauszufinden?

In der »Zeitschrift für Parapsychologie und Grenzgebiete der Psychologie« (VIII/1965) schrieb G. Sannwald über die Märchen, daß sich darin wunderbare, unglaubliche Dinge zutrügen. »Sie führen uns in eine Welt, in der ganz andere Gesetze zu gelten scheinen als in der uns gewohnten. Seltsame Geschöpfe treiben da ihr Wesen oder Unwesen, magische Gegenstände verleihen übernatürliche Fähigkeiten, und alles kann sich in alles verwandeln, wenn das richtige Wort, die richtige Formel dafür gefunden wird. Angesichts des Wunderbaren, das im Märchen geschieht, liegt die Vermutung nahe, daß auch jene seltsamen Phänomene, mit denen sich die Parapsychologie beschäftigt, zu seinem Repertoire gehören.«

Im Aarne-Thompson-Typenkatalog mit seinen rund 1200 Nummern bezieht sich Sannwald auf Nr. 517 (Der tiersprachenkundige Knabe), Nr. 725 (Der Traum), Nr. 930 (Die Prophezeiung), Nr. 930 (Die vorherbestimmte Gattin), Nr. 1645 (Der Traum vom Schatz auf der Brücke), Nr. 1641 (Doktor Allwissend), Nr. 302 (Die exteriorisierte Seele) und Nr. 303 (Die Zwillingsbrüder).

Das letztgenannte Märchen in der Version der Brüder Grimm haben wir bereits in anderem Zusammenhang erwähnt. Sannwald legt besonderen Wert auf das »Lebenszeichen«, das dem anwesenden Bruder zeigt, wie es dem weitentfernten anderen ergeht. Es gibt mannigfache Indikatoren für dessen Unglück, etwa den vertrocknenden Lebensbaum, das verrostende Messer, den überschäumenden Bierkrug (im altägyptischen Zweibrüdermärchen), die welkende Lilie (»Die Goldkinder«), den sich trübenden Brunnen, den dürr werdenden Blumenstrauß (im persischen Tuti-Nameh), den zerbrechenden Ring; all diese Dinge zeigen an, daß der mit ihnen in sympathetischer Verbindung stehende Mensch in der Ferne Ungemach erleidet, also verzaubert wurde, im Sterben liegt, sich in Lebensgefahr befindet.

Wir können in solchen Fällen an psychische Fernwirkungen denken, die in Phasen besonderer Spannung und Erregtheit auftreten (englisch *phantasms of the living* genannt), ebenso an die allbekannten »Todesanmeldungen«, freilich in diesem Fall anhand eines vorher vereinbarten Indikators auftretend. »Daß bestimmte Gegenstände Zeichenfunktion besitzen und über das Ergehen des mit ihnen verbundenen Menschen Aufschluß geben sollen«, schreibt Sannwald, weise darauf hin, daß sich Sensitive »oft durch einen Gegenstand, der mit einer bestimmten (unter Umständen weit entfernten) Person in Zusammenhang steht, zu Aussagen über diese Person anregen lassen«. Dies sei besonders dann zu beobachten, »wenn dieser Gegenstand in irgendeiner Weise affektbesetzt ist, das heißt, wenn er im Leben der betreffenden Person eine wichtige Rolle gespielt hat«.

Damit spielt Sannwald auf das mit einem nicht sehr glücklichen Ausdruck benannte Phänomen der »Psychometrie«

an, das Registrieren von außersinnlichen Eindrücken mit Hilfe eines Induktors (Paramnesie, Psychoskopie). Wenn etwa ein sorgfältig verpackter Gegenstand einem »Seher« dargeboten wird, soll er in der Lage sein, ihn nicht nur zu beschreiben, sondern auch zu schildern, was mit ihm geschehen ist. Ob das Parallelphänomen der beiden Lebensbäume, Lilien, Messer usw. damit sehr eng zusammenhängt, ist Ansichtssache. Eher ist hier an einen telepathischen Kontakt zwischen emotionell eng verbundenen Personen zu denken, der sich nicht durch die Vision des entfernten Menschen äußert, sondern durch ein früher vereinbartes Signal. Wenn es sich um »Psychometrie« handeln soll, so muß der Induktor oder Indikator, also das materielle Objekt, »energetisch imprägniert« sein, also die Geschichte des Abwesenden gewissermaßen fotografisch registriert haben, damit es der Ablesende erfassen kann. Wenn jedoch Lebensbaum, Messer, Lilie (oder was immer) an Ort und Stelle geblieben sind, können sie nicht im Sinne der Definition als Induktoren dienen.

Wir können aber wohl davon ausgehen, daß sich Phänomene dieser Art weder um Kategorien noch um Fachausdrücke kümmern, sondern auftreten oder nicht. Wenn es viele Beispiele dafür gibt, daß Parallelphänomene in der beschriebenen Art seit Jahrtausenden berichtet werden, so sollte ein greifbarer Hintergrund für diese Traditionen zumindest erwogen werden. Freilich wird der Psi-Forscher Märchen im Hinblick auf ihre Aussagekraft nicht mit experimentell überprüfbaren Fakten vergleichen, aber einen objektiven Wahrheitsgehalt des Motives wohl für möglich halten.

Da es nicht möglich ist, hier alle erwähnten Arten von möglichen parapsychologischen Phänomenen zu diskutieren, die in den Märchen angedeutet werden, wollen wir uns auf die Problematik des »ortsgebundenen Spuks« beschränken. Im Märchen vom »Fürchtenlernen« ist, wie berichtet, zunächst von inszeniertem Pseudo-Spuk die Rede. In dem Moment aber, in dem der angstunfähige Junge das verwunschene Schloß betritt, beginnt ein tolles Gespensterunwesen.

Zuerst erscheinen zwei große schwarze Katzen, die überwältigt und erschlagen werden, dann schwarze Hunde und Katzen in Massen, die allesamt vernichtet werden. Dann erscheint ein großes Bett, in das sich der Junge hineinlegt — es fährt im ganzen Schloß herum. Damit ist die erste Prüfungsnacht zu Ende. — In der nächsten stürzen Menschenteile aus dem Kamin, die sich zu ganzen Männern zusammenfügen und mit Totenköpfen nach Totenknochen kegeln. Der Junge spielt um Geld mit, doch am Morgen ist alles verschwunden. — In der dritten Nacht wird eine Leiche hereingetragen, die zum Leben erwacht und den Furchtlosen erwürgen will, also ein »Untoter«, doch dieser wird in seinem Sarg eingeschlossen. Dann kommt ein langbärtiger Schmied, der den Jungen erschlagen will, es aber dann auf eine Kraftprobe ankommen läßt. Er haut mit einem Schlag den Amboß in die Erde, worauf ihm der Junge den langen Bart in einem Spalt des Ambosses einklemmt und den gespenstischen Schmied mit einer Eisenstange so lange verdrischt, bis dieser verspricht, seinem Überwinder große Reichtümer zu geben. Das sind die bereits erwähnten drei Kisten voll Gold, und damit ist auch das Spukschloß erlöst...

Nun kennt auch die Parapsychologie das Phänomen des »ortsgebundenen Spuks«, doch geht es dabei doch ganz anders zu. Von kegelspielenden Geistern, schmiedenden

Schatzhütern und verschenkten Goldkisten ist in den einschlägigen Berichten keine Rede. Berichtet werden unerklärliche Geräusche, optische Phänomene (meist schattenhafte Schemen) und ähnliche Erscheinungen, die sich keineswegs wie bewußte Wesen verhalten.

Der ortsgebundene Spuk, schrieb der frühverstorbene Ethnologe Werner F. Bonin in seinem Lexikon der Parapsychologie, »ereignet sich, wie es scheint, ohne lebenden Agenten [Auslöser], über lange Zeiten hinweg — Jahrzehnte, gar Jahrhunderte — mit unregelmäßigen Unterbrechungen, aber immer am gleichen Ort ... Manche Autoren vermuten eine ›Imprägnierung‹ der betreffenden Lokalität [etwa in dem Sinn], daß die Erinnerung an ein paranormales Erlebnis telepathisch weitergegeben wird oder daß das Ereignis rückschauend erfahrbar ist und bei entsprechend befähigten potentiellen Agenten zur jeweils neuen Auslösung des Spuks führt.« Die Psychologin Marie-Louise von Franz wies darauf hin, daß sich die dabei auftretenden »Geister« nie wie weise Geschöpfe aus einer höheren Welt aufführen, sondern sich »oft töricht, halb intelligent, halb sinnlos zu benehmen scheinen« — vielleicht als abgespaltene Fragmente vergangenen menschlichen Seelenlebens, als herrenlose »Teilseelen«, die »einerseits eine gewisse Eigenintelligenz entwickeln können, zugleich aber auch sinnlose Störmanöver im psychischen Zusammenhang auszuüben lieben«.

Es wäre dann etwa vorstellbar, daß sich in Momenten schwerer Krisen, wie es der Eintritt des Todes ist, Teile der Psyche verselbständigen und wegen ihrer unabänderlichen Programmierung im Augenblick ihrer Lostrennung ein sinnloses Schattendasein führen. Dieses könnte dann manifest werden, wenn ein dafür empfänglicher Mensch gleich einer Antenne solchen »psychischen Restvibrationen« zu einer nebulosen Realität am Rande der Normalwirklichkeit verhilft. Es ist natürlich Ansichtssache, ob jemand dieses Erklärungsmodell anerkennen will oder nicht. In den Märchen und Sagen heißt es dagegen, daß unerlöste Seelen von Sündern dazu verdammt sind, durch mühseliges Spuken ihre Schuld abzutragen, und die Lebenden anflehen, ihnen durch religiöse Übungen zu einem Übergang in die jenseitigen Sphären zu verhelfen.

C. G. Jung selbst, der keineswegs auszog, um das Fürchten zu lernen, hatte im Jahr 1920 in England ein Spukerlebnis, als er in einem englischen Landhaus logierte. Er erlebte unerklärliche Klopfgeräusche, ein Rauschen und verspürte einen üblen Geruch, ohne dessen Quelle entdecken zu können. Eines Nachts sah er dann mit verständlichem Schaudern neben sich auf dem Kopfkissen einen halben Frauenkopf, der ihn mit dem einzigen sichtbaren Auge anschaute. Das Phantom sei, so Jung, kein Traumgesicht gewesen, sondern habe real gewirkt. Es ist nicht verwunderlich, daß Jung es vorzog, den Rest der Nacht im Lehnstuhl statt im Bett zu verbringen. Am folgenden Tag erfuhr er, daß er in einem der Spukhäuser *(haunted houses)* Quartier genommen hatte, die in England offenbar häufiger sind als auf dem Kontinent. Auch ohne schwarze Katzen und aus dem Kamin stürzende Menschenteile wirkt Jungs Erlebnis spukhaft genug...

Die Schweizer Psychologin Fanny Moser bezeichnete den Spuk als den »größten Verstoß gegen den gesunden Menschenverstand und den guten Geschmack«; Hans Bender nannte ihn einen »Königsweg zu einem umfassenden Verständnis des Menschen und seiner Stellung in der Natur«. Was der Alltagsvernunft als ein geradezu obszöner Akt gegen die Normalität erscheint, kann zugleich dazu dienen, die Struktur der Psyche besser zu erfassen.

Das Indianermärchen vom Menomini-Krieger Nakutij (Rieder 1939) berichtet, daß dieser sich nicht zwischen zwei Frauen entscheiden konnte, worauf eine von ihnen Selbstmord beging. Er floh, aber »während der Nacht erschien ihm die tote Frau. Sie saß neben ihm mit ihrem traurigen Gesicht. Als er am Morgen aufwachte, war seine Schlafdecke weit weggezogen.« Nakutij hat nun kein Jagdglück mehr; der Geist der Toten verlangt Manifestationen der angemessenen Trauer, verfolgt ihn aber dennoch und läßt ein geisterhaftes »Hi, hi, hi« vernehmen. Schließlich muß er während einer Kanufahrt intensiv an die Tote denken, die plötzlich leibhaftig erscheint und ihm um jedes Auge einen weißen Kreis malt — die traditionelle Bemalung für Tote und Sterbende. Schließlich landen beide an einem breiten Pfad, auf dem viele Menschen mit Totenbemalung wandern. Auch die andere Frau Nakutijs wandert hier dahin. Nach mehrtägiger Wanderschaft gelangen alle zu einem großen, reißenden Strom — einem Fluß an der Grenze zur Jenseitswelt, einem indianischen »Styx«, über den jedoch kein Fährmann Charon übersetzt. »Ein langer, glatter Baumstamm führte als Brücke hinüber ans andere Ufer. Die Leute drängten sich, um auf die Brücke zu gelangen ... [manche] glitten von dem schmalen Baumstamm ab, meist solche, die noch einmal zurückblickten, statt auf ihre Schritte zu achten. Und alle, die hinabstürzten, wurden von dem Strom in raschem Wirbel mit fortgetragen.« Nakutij wird von der toten Gefährtin an der Hand über die Jenseitsbrücke geführt, doch er denkt an die andere Frau, die offenbar ebenfalls gestorben ist. Er dreht sich um und sieht sie allein am Ufer stehen. »Sie hob die Arme nach ihm, sie streifte das Gewand von der Brust. Hanoaloka [die Führerin] zog ihn nach vorne — da glitt sein Fuß, und er fiel hinab in den Strom. Der Strudel riß ihn hinweg. Es wirbelte ihn weiter, ewig allein um die Erde ...«

Das indianische Spukmärchen von dem Mann zwischen zwei zuerst lebenden, dann toten Frauen an der Schwelle zum Jenseits ist ohne glückliches Ende. Es hat offenbar Warnungscharakter und soll zeigen, wie es Unentschlossenen ergeht. Die gespenstische Atmosphäre wird mit ganz schlichten Mitteln eindringlich genug wiedergegeben, ohne den großen Höllenspektakel des Grimm-Märchens. Die Frage, ob die Erscheinungen »objektiv« sind oder sich nur in der Psyche des Empfängers abspielen, wird nicht gestellt. Für den Europäer ist das Problem, ob ein Erlebnis dieser Art eingebildet oder »real« ist, offenbar wichtiger als für den Indianer.

Spukphänomene, so der Freiburger Psychologe Walter von Lucadou, lassen sich nur schwer dokumentieren und beobachten, und naive Beobachter werden öfter damit konfrontiert als kritische. Auf ihre Umgebung wirken sie irgendwie ansteckend. Häufig sind sie so beschaffen, daß ganz ähnliche Effekte auch durch schwindelhafte Manipulationen erzielt werden können, daß man sie also inszenieren kann, wie das der Küster im Grimm-Märchen tut. Dadurch wird diese gesamte Palette weitgehend ungreifbar, der Spuk »wird auch weiterhin flüchtig bleiben«. Es gibt ihn, könnten wir sagen, »irgendwie, am Rande der Realität«. In der Welt der Märchen und Sagen zumindest besteht keine Notwendigkeit, an seiner Existenz zu zweifeln. Herrscht dort eine tiefere, weniger eingeschränkte Einsicht in das Wesen der Psyche als in der rationalen Wissenschaft?

In der Walpurgisnacht-Szene in Goethes »Faust I«, 4160/61, wird auf einen Fall von Spukerscheinungen im Berliner Stadtteil Tegel angespielt: »Das Teufelspack, es fragt nach keiner Regel./Wir sind so klug, und dennoch spukt's in Tegel ...«

Das gesamte Gebiet dessen, was wir als »übersinnlich« bezeichnen (weil wir die Sinneserfahrung auf ein allgemeinverständliches Normalmaß einschränken), fasziniert seit Jahrtausenden, und sogar besonders in unserer rationalistischen Zeit. Hans Bender (1982) stellt die Frage, wie dies zu erklären sei, und weist einerseits auf ein Bedürfnis nach »Bewußtseinserweiterung« hin, »auf eine Suche nach neuen Dimensionen des Weltverständnisses«, andererseits auf »die aus einem Gefühl der Unsicherheit stammende Hoffnung auf geheimnisvolle, der bedrohlichen technischen Zivilisation überlegene Mächte und Kräfte. Sie werden mit Heilserwartungen verbunden und nehmen oft pseudoreligiöse Formen an.«

Bender fährt fort: »Der Grund des Bedürfnisses nach Bewußtseinserweiterung — der positive Aspekt der ›okkulten Welle‹ — ist offenbar die Frage nach dem Sinn der individuellen Existenz, die auch für junge Menschen das Problem des Todes einschließt. Es sind Fragen, auf die Antworten aus einer religiösen Sicht angeboten werden und die nun auch im Hinblick auf das wissenschaftliche Erkennen gestellt werden. So rückt die Parapsychologie in das Blickfeld des Suchenden ...«

Bemerkenswert ist, daß die »wilden Talente« und die nicht zur Alltagsrealität gehörigen Phänomene in früherer Zeit nicht unbedingt »para« (neben) dem als real Anerkannten existieren mußten und daß der gesamte Komplex in anderen Kulturen völlig in das Weltbild integriert ist. Es ist denkbar, daß eine größere Offenheit gegenüber dem heute ausgegrenzten Erfahrungsgut auch jene Gaben und Anlagen zur Entfaltung kommen läßt, die der früher erwähnte Edgar Dacqué als »Natursichtigkeit« bezeichnet hat.

DIE BÖSE HEXE

Im deutschen Sprachraum dürfte »Hänsel und Gretel« das bekannteste der Grimm-Märchen sein. Das berühmte »Knusper, knusper, Knäuschen« lautet in der hessischen Originalfassung (1812)

»Knuper, knuper, Kneischen!

wer knupert an meinem Häuschen!«,

und die Antwort

»Der Wind, der Wind — das himmlische Kind«

wurde erst 1813, nach dem Erscheinen der Urfassung, nachgetragen.

Jedenfalls ist das Märchen von den beiden herzlos im Wald ausgesetzten Kindern (»Hänsel und Gretel verliefen sich im Wald« — nicht durch Zufall, sondern durch brutale Verstoßung!) wohl noch volkstümlicher geworden als die anderen Spitzenreiter Schneewittchen, Aschenputtel und Dornröschen.

Wieder geht es um den Weg von der Binnenwelt in den rätselhaften, gefahrvollen Wald, in dem ein Abenteuer bestanden werden muß. Nicht ein Raubtier ist die Verkörperung des Schreckens, sondern »eine böse Hexe, die lauerte den Kindern auf, und hatte, um sie zu locken, ihr Brodhäuslein gebaut, und wenn eins in ihre Gewalt kam, da machte sie es todt, kochte es und aß es, und das war ihr Festtag«.

Daß ein eigentlich recht abstoßendes Kannibalen-Hexenmärchen mit anschließender Verbrennung der Schuldigen zu einer Lieblingsgeschichte der Kinder wurde, ist an sich verwunderlich. Es muß jedoch berücksichtigt werden, daß Grausamkeiten im Märchen immer unpathetisch und distanziert erwähnt werden, ohne Hinweis auf Schmerz und Todesqual, wodurch Kinder den Inhalt nur gefiltert und abgeschwächt registrieren. Das Mädchen, das sich beim Ersteigen des Glasberges einen Finger abschneidet, scheint nicht mehr zu empfinden, als würde es ein Band von der Schürze abtrennen, und der Vogelreiter, der seinen Träger mit dem Fleisch aus seinem Schenkel füttert, verblutet nicht. Alles wirkt in diesem Sinn puppenhaft-modellartig und verführt nur selten (vgl. S. 57 f.) zu gefühlsmäßiger Anteilnahme. Vor allem denkt keiner der kleinen Hörer des Märchens von Hänsel und Gretel jemals daran, daß Hexen auch in der Realität verbrannt wurden.

Obwohl man sagen könnte, daß die Märchenhexe mit den Opfern der Hexenverfolgungen nicht mehr zu tun hat als der »böse Wolf« mit dem Wolf der zoologischen Verhaltensforschung, ist ein Vergleich der Grundauffassungen nicht ohne Belang. Was die Märchen und Mythen betrifft, so muß zunächst darauf hingewiesen werden, daß die »böse Hexe« keine europäische Erfindung ist, daß diese Gestalt vor allem nicht den Hexenverfolgern der Inquisition in die Schuhe geschoben werden kann. Wer die Märchen exotischer Völker kennt, wird in Nord- und Südamerika, in Sibirien und Ostasien, Indien und Afrika völlig entsprechende Vorstellungen finden — immer wieder taucht das Bild einer furchterregenden weiblichen Gestalt auf, einer Verschlingerin mit magischen Fähigkeiten, ursprünglich menschlich, aber »dämonisiert« oder überhaupt der Dämonenwelt angehörend und nur zum Schein in Menschengestalt auftretend. Oft ist nicht zu unterscheiden, ob die Menschen- oder die Dämonennatur im Vordergrund steht. Am Ende ist die Hexe immer ein schreckenerregendes Zwitterwesen aus den Komponenten beider Bereiche, unheimlich schön wegen dieser Zwielichtigkeit. Ihre Vernichtung ist nach dieser Auffassung ebensowenig ein Mord wie das Erschlagen von Drachen oder Wölfen.

Der Tiefenpsychologe Erich Neumann sieht in der mythischen Hexengestalt den »negativen Elementarcharakter« des weiblichen Archetypus in seiner »Symbolwirklichkeit der Furchtbaren Mutter... Die dunkle Hälfte des Welt-Eies, unter dem das Große Weibliche erfaßt wurde, gebiert als Nacht-Abgrund des Lebens der menschlichen Psyche ihre Schreckgestalten... Die Menschheit erfährt Tod und Abgrund, Gefahr und Not, Hunger und Schutzlosigkeit als Preisgegebensein an die dunkle und furchtbare Mutter« (die in den Märchen auch als böse Stiefmutter auftreten kann; jene, die an der Verstoßung von Hänsel und Gretel schuld ist, scheint mit der Waldhexe innerlich verwandt zu sein). Die Mutter Erde, die Leben hervorbringt, die Nahrung spendet, nimmt den Menschen am Ende des Lebens wieder in ihr Dunkel auf und »verschlingt ihn«. Zur Initiation gehört auch die Konfrontation mit diesem schreckerregenden Aspekt des Weiblichen, der freilich nicht isoliert betrachtet werden darf. Aus der Großen Mutter geht ja später wieder Leben hervor, wie wir es am Beispiel der zuerst langzähnigen, aber am Ende gerecht belohnenden Frau Holle kennengelernt haben.

In einer neurotischen Einseitigkeit der Psyche wird jedoch der dunkle Teil des Bildes allein herausgestellt und auf alte Frauen im allgemeinen übertragen. Sie stehen nicht mehr im natürlichen Kreislauf des Lebens, sind oft »wunderlich geworden« und auch vereinsamt, weil ihre männlichen Zeitgenossen wegen des Engagements im Krieg meist nicht so lange leben. Als gefühlsmäßig und magisch begabtere Wesen werden Frauen von Männern ohnehin oft mit Argwohn betrachtet, und sie werden als Geschöpfe mit einem unmittelbareren Zugang zur Dämonenwelt betrachtet, als leichtere Objekte des Einflusses nachtseitiger Mächte. Die alte Frau, die keine Kinder mehr gebären kann, hat in dieser krankhaften Schau vielleicht Lust, sie aufzufressen. Das Mythenbild der dunklen Seite der Ahnmutter, die gibt und nimmt, wird verkrüppelt, indem der negative Aspekt verabsolutiert und zur Horrorgestalt gemacht wird; und zwar, wie erwähnt, nicht nur in Europa.

In einem Märchen der Thompson-River-Indianer (Kanada) wird von der alten Kolakwaks erzählt: »Sie war schon sehr alt und begann, in ihrem Herzen anders zu werden. Sie benahm sich oft böse, half auch nicht gern bei den Arbeiten«, und die Männer beschließen, beim Verlassen der Familienhütte auf dem Weg zum Winterlager die Alte zum Verhungern zurückzulassen. Sie hat jedoch dieses Gespräch belauscht, schleift ihre Beine mit rauhen Sandsteinen spitz, bis sie scharf wie Speerspitzen sind, und sticht damit alle Menschen in der Hütte tot. »Die Alten stach sie durch den Hals, die Kinder in die Brust. Darauf schnitt sie ihnen die Herzen heraus und verzehrte sie. ›Das schmeckt gut. Ich brauche frisches Lebensblut.‹ Aus den Haaren machte sie sich Fransen zu einem Hexenmantel. ›Mit diesen Haaren füg' ich all ihre Jahre zu den meinen. Ich werde so lang leben wie sie alle zusammen...‹«

Hier werden also nicht Kinder aus der Gemeinschaft ausgestoßen wie im Grimm-Märchen, sondern die alte Frau, die »in ihrem Herzen anders geworden war«, wird dem Hungertod preisgegeben. Wollten wir moralische Motive einführen, so müßten wir sagen: Kein Wunder, daß sie zur Mörderin und Kannibalin wurde, sollte doch auch ihr Leben geopfert werden. Da aber im Märchen das »Böse« nicht den Sieg davontragen darf, ist es auch der greisen Kolakwaks nicht vergönnt zu triumphieren. Zwei junge Männer, die während der Morde in der Familienhütte gerade von einem mehrtägigen Jagdzug zurückkehrten, sehen die jetzige Hexe allein in der Hütte sitzen. Sie »hatte ihren Hexenmantel vor sich ausgebreitet. Sie spielte mit den Haarfransen und sang dabei: ›Dieses Haar gehörte meiner ältesten Tochter, und dieses meinem Schwiegersohn, dies waren seine zwei anderen Frauen und dies die fünf Kinder. Oben am Kragen ist noch Raum für meine vier erwachsenen Enkel. Einer hier und einer hier...‹«

Die beiden entsetzten Jäger wissen also, was geschehen ist. Kolakwaks hat Zaubermacht durch ihren Hexenmantel, aber keiner wagt es, ihn wegzunehmen: nicht in der Nacht, wenn sie schläft, denn in dieser Zeit ist ihre Macht am größten. Im Morgengrauen aber wird Feuer an die Hütte gelegt; die Hexe erwacht und sticht mit ihren Speerbeinen durch die Hüttenwand, aber der nächststehende Jäger springt zur Seite und schießt einen Pfeil auf sie ab. »Aber sie starb nicht, denn der Hexenmantel gab ihr vielfaches Leben. Nach allen Seiten versuchte sie auszubrechen, immer wieder schossen die Männer ihre Pfeile. Wie eine alte Katze heulte sie, wenn sie getroffen wurde, aber sie sprang stets wieder auf. Viele Male schossen sie die Hexe tot, bis endlich der Hexenmantel Feuer fing und verbrannte. Dann starb auch die böse alte Kolakwaks« (Rieder 1939). Szenenwechsel: »Da fing die Alte an in dem heißen Backofen zu schreien und zu jammern, Gretel aber lief fort, und sie [die Hexe] mußte elendiglich verbrennen« (Grimm 1812). Die Erdenspur von dämonischen Hexen kann nur durch Feuer restlos ausgetilgt werden; vielfach wird nachher die Asche in Flüsse gestreut, um jede Neuverkörperung zu verhindern.

Die Märchenhexe wird nicht als echtes Menschenwesen empfunden, das humane Behandlung beanspruchen darf, sondern als Inkarnation der feindlichen Mächte, sobald einmal die ganzheitliche Schau der wechselseitigen Bedingtheit von Leben und Tod in Verlust geraten ist. Hänsel und Gretel haben zwar auf ihrer Reise durch den Wald ihr Leben gerettet, aber sie konnten die »furchtbare Mutter« nicht in ihrem positiven Aspekt ansprechen, wie dies Wassilissa der Wunderschönen und der Goldmarie gelang. Die Baba Jaga des russischen Märchens ist ja, wie wir gesehen haben, trotz ihrer Schrecklichkeit letztlich doch eine segensreich wirkende Gestalt. In Mitteleuropa aber hatte seit dem ausgehenden Mittelalter eine konsequente Verteufelung der »Hexe« eingesetzt, so daß »Die Hexe mußte braten« die einzig mögliche Lösung des Konfliktes zu sein schien.

Im germanischen Raum war die Zauberfrau als mythisches Wesen und als Seherin (Gullveig, Völva) sowie als Senderin von Segenssprüchen und Flüchen schon in vorchristlicher Zeit stark verankert. Jacob Grimm führt als Ursachen in seiner »Deutschen Mythologie« an: die empfänglichere Phantasie der Frau, verbunden mit ihrer Neigung zum Visionären und zum Wahrsagen, also, wie wir heute sagen würden, zu parapsychologischen Fähigkeiten, die als unheimlich empfunden werden; ihre angestammte Rolle bei der Bereitung von Heilmitteln, denn dazu hatte sie mehr Gelegenheit als der Mann, der mit Jagd und Krieg beschäftigt war. Wer heilt, kann auch vergiften.

Bei Grimm heißt es: »Weibern verliehen Erfahrung und behagliche Muße alle Befähigung zu heimlicher Zauberei ...

Wiederum aber mußte, von einer Seite her betrachtet, die Zauberkunde hauptsächlich alten Weibern eigen sein, die, der Liebe und Arbeit abgestorben, ihr ganzes Sinnen und Trachten auf geheime Künste stellten. Schon eine frühe Zeit legte den alten Weibern größere List und Bosheit als dem Teufel selbst bei, wie eine artige Sage von der Alten lehrt, die friedliche Eheleute zu verunreinigen wußte, was der Teufel nicht vermocht hatte (Morolf) ... Schon Snorri [Sturluson, der Autor der Jüngeren Edda] in seiner merkwürdigen Äußerung über den Ursprung des Zaubers (Ynglinga-Saga Kap. 7) sagt, den Männern sei es unehrlich erschienen, die zweideutige Kunst zu üben; so habe man Göttinnen oder Priesterinnen — Gydjur kann beides bezeichnen — darin unterwiesen. Je nach verschiedener Volksmeinung berühren sich Nornen und Völven (Seherinnen), Valkyrien (Walküren) und Schwanjungfrauen mit göttlichen Wesen oder Zauberinnen. Auf diesem allen zusammen, auf einer Mischung natürlicher, sagenhafter und eingebildeter Zustände, beruht die Ansicht des Mittelalters von der Hexerei. Phantasie, Tradition, Bekanntschaft mit Heilmitteln, Armut und Müßiggang haben aus Frauen Zauberinnen gemacht ...«

Dabei war die zweideutige Gestalt der Zauberin im Mittelalter zunächst Heilerin und Segensprecherin, Ausübende verborgener Bräuche und Verbündete mit geheimen Mächten, aber noch nicht die menschenfressende, misanthropische Teufelshure, als die sie in der Neuzeit gebrandmarkt wurde. Zunächst wurde bloß mit Kirchenstrafen belegt, wer an die Realität des Hexenwesens glaubte. Dies änderte sich, als nach dem Katharer-(Ketzer-)Kreuzzug in Südfrankreich die kirchliche und weltliche Autorität dem Verfolgungswahn erlagen, daß überall Verschwörer gegen die etablierte Ordnung lauerten: In Südfrankreich war eine christ-lich-fundamentalistische Sekte mit hohem sittlichem Anspruch aufgetreten, die alles Fleischlich-Irdische als böse ansah, Askese predigte und zunächst unter den Armen, später auch unter dem Adel Gefolgschaft fand. Die Weltlichkeit geistlicher und irdischer Würdenträger wurde angeprangert und alles Materielle als Werk eines widergöttlichen Urprinzips definiert.

Diese Katharer (= die Reinen), auch *Boni Homines* genannt, waren von den Bogumilen des Balkans beeinflußte Vertreter einer radikal-asketischen Lehre, die besonders im »Ketzerkonzil« von Toulouse (1167) definiert wurde. Weltschöpfer war danach nicht der gute Gott, sondern ein Verursacher der geistfeindlichen Materiewelt. Je perfekter der Mensch seinen Lebensweg gestaltet, desto eher kann er sich in diesem Sinn selbst erlösen und der reinen Lichtwelt des Geistes annähern. Ehelosigkeit und Abkehr von Lebensgenuß in jeder Form war das Ideal. Die radikale Gruppe der Albigenser erregte besonderen Widerspruch: Papst Innocentius III. rief zum Kreuzzug gegen sie auf, der von 1209 bis 1229 zur grausamen Ausrottung dieser Sekte führte. Die Ketzer-Inquisition suchte weiter nach Abtrünnigen, und von 1320 bis 1350 wurden in Carcassonne und Toulouse etwa 600 Todesurteile gegen solche Außenseiter vollstreckt.

Damit aber war die Lawine der Hexenfurcht und paranoischen Schnüffelei nach abtrünnigen Außenseitern losgetreten. Auch in Gegenden, die nie von »teuflischer Ketzerei« berührt worden waren, wurden »Zauberer« und Glaubensfeinde verfolgt, und der Gedanke setzte sich durch, daß hinter allem die Macht des Teufels stehen müsse. Hexerei galt nunmehr als Satanismus, als Teufelsanbetung, ja als fleischliche Teufelsbuhlschaft. Die Hexen waren gottes- und menschenfeindliche Dienerinnen des Satans und Buhldirnen seiner Heerscharen. Die Idee, daß die Askese-Ideale der Katharer nun auch in Mitteleuropa Fuß gefaßt haben könnten und daß die hexenden Teufelsmägde ebenso gegen die Materiewelt kämpfen könnten, führte zu der Vorstellung, sie würden Männer impotent und Frauen steril machen, die Feldfrucht durch Hagelzauber vernichten und das Vieh mit Krankheit und Tod heimsuchen.

Wahnhaft vermengt wurde dabei das an sich schon neurotische Bild des bösen, verschlingenden Dämonenweibes, das aber noch immer der mythischen Dimension angehörte, mit den mißdeuteten Elementen katharischer Askese und eines der Phantasiewelt angehörenden sexuell gefärbten Satanskultes. Was in der Folge daraus wurde, ist bekannt. Ein einseitig verzerrtes Mythenbild wurde wie ein Bestandteil der »harten Realität« behandelt, und den Hexen wurden Kindermord, Kannibalismus, Giftmischerei, die boshafte Verbreitung von Seuchen, Schadwetterzauber, das Hervorrufen von Impotenz und Unfruchtbarkeit, eigene Orgiastik und Anbetung des Satans vorgeworfen. Aus vorchristlicher Zeit dürften Brauchtumsreste (wohl Frühlingsfeste auf Berggipfeln, die zu teuflischen »Blocksberg-Ritualen« umgedeutet wurden) vorhanden gewesen sein; in England wird die Meinung vertreten, daß es aus vorchristlichen Epochen starke Traditionsketten im »Untergrund« gegeben habe, die alle Verfolgungen überdauerten und im modernen »Wicca-Kult« ihre Auferstehung feiern. Nachweisbar ist dies nicht.

Was in Europa zu den schaurigen Auswüchsen der Hexenverfolgung wurde, ist freilich ansatzweise auch in anderen Kulturen vorhanden: die Angst vor der Erlebnisweise der weiblichen Empfindungswelt, die in neurotischen Män-

Hexen beim Unwetterzauber (Olaus Magnus, 1555).

nern das einseitige Schreckbild des »negativen Elementar-
charakters« der Frau übermächtig werden läßt. Wenn sich
diese Grundstruktur mit den machtpolitischen Möglichkeiten zur Verfolgung verbindet, wenn sich eine pseudogelehr-
te Rechtfertigung dafür finden läßt, dann gewinnt das my-
thisch-märchenartige Bild der Hexe die Dimension grausi-
ger Realität. Die Hexenmärchen könnten daher bloß als Re-
flexionen des Wahnes der Hexenjäger gelten, wenn sie nicht
auch einige Züge enthielten, die wie möglicherweise echte
Traditionsreste vorchristlicher Elemente aussehen.
Dazu gehört der berühmte »schwarze Kater« der Hexen
oder ihr *Spiritus familiaris* in anderer Tiergestalt, der an die
tierischen Hilfsgeister der Schamanen erinnert. Auch die
angebliche Flugfähigkeit der Hexen wirkt wie eine Ahnung von den Seelenflügen des Schamanismus, in welchen
in Trance andere Weltebenen aufgesucht werden (vgl. S. 100,
109). Diese Geisteswelt scheint die alte Religion der Ger-

manen vom Osten her beeinflußt und bei ihnen Wurzeln geschlagen zu haben, mit dem Glauben an die zeitweilige Tierverwandlung, an Zauber in Ekstase, an die Kultivierung geheimer Seelenkräfte, an das magische Herbeiholen von hilfreichen Tierwesen, an den Flug durch das Luftreich. Wenn schon im Schamanismus des Ostens Frauen eine bestimmte Rolle spielten und manche Schamanen eine Art von Geschlechtswechsel durch Anlegen von Frauen-

Hexen, in tierköpfige Dämonenwesen verwandelt (Molitoris, 1489).

kleidern durchführten, so verstärkte sich die Fixierung der Zauberkunst auf das weibliche Geschlecht offensichtlich in Nord- und Mitteleuropa.

In Märchen und Sagen ist also eine Spur des Wissens um geheime Kräfte der »Hexen« verborgen, freilich in einer Form, die jene Seherinnen der Vorzeit in menschenfeindliche Geschöpfe verwandelt hat. Sie können zwar mehr als andere Menschen, aber sie fressen Kinder, saugen Blut, verwandeln Menschen in Steinfiguren und fliegen durch die Wolken, als Gestalten des Bösen, die der Held überwinden muß...

Spuren des Glaubens an geheime Zusammenkünfte der Hexen unter Vorsitz des Teufels scheint das in vielen Varianten überlieferte »Märchen von den zertanzten Schuhen« zu enthalten. Darin geht es, kurz zusammengefaßt, darum, daß eine im Zimmer eingeschlossene Prinzessin frühmorgens immer mit offenbar vom Tanzen zerschlissenen Schuhsohlen aufgefunden wird, und niemand kann sich erklären, wie denn die nächtlich Gefangene zu einem Tanzfest gekommen sein konnte. Der Held der Geschichte läßt sich nicht durch einen Schlaftrunk betäuben, sondern stellt sich bloß schlafend (er war von einer alten Frau mit guten Ratschlägen und einem unsichtbar machenden Mantel versehen worden) und verfolgt ungesehen die Prinzessin. Eine Bootsfahrt in einem unterirdischen Bereich wirkt wie das Überqueren jenes Grenzflusses, der Diesseits und Jenseits trennt. In einer Variante aus der Steiermark wird am Ende der nächtlichen Ausfahrt ein goldener, silberner und gläserner Berg überquert, und hinter ihm »wartete der Teufel. Die Königstochter stieg aus der Kutsche und tanzte mit dem Teufel, bis ihre Schuhe ganz zerrissen waren. Dann stieg sie wieder in ihre Kutsche und fuhr heim.« Bei Grimm geht es um zwölf Prinzessinnen, die von ebensovielen Prinzen zum nächtlichen Tanz geführt werden, was ja nicht unbedingt sündhaft wäre — doch wenn es einen Vorsitzenden gibt, den ominösen Dreizehnten, dann haben wir das Bild eines Hexenzirkels (*Coven* im Wicca-Kult) vor uns!

Der Held der Geschichte, sei er nun ein abgedankter Soldat oder ein fremder Königssohn, kann jedenfalls das Rätsel der geheimen Nachtfahrt zum Tanzfest dank seiner Unsichtbarkeit lösen und dem Spuk ein Ende machen. Damit ist auch die Prinzessin (oder sind die zwölf Prinzessinnen) von dem Zwang befreit, nachts an verdächtigen Festen teilzunehmen, und der Held bekommt seinen Lohn durch die obligate Verheiratung. Hübsch wird das Ende in der Grimm-Urfassung erzählt: »Darauf fragte ihn der König, welche er zur Frau haben wollte? Er antwortete ›ich bin nicht mehr jung, so gebt mir die älteste.‹ Da ward noch am selbigen Tage die Hochzeit gehalten ...«

Handelt es sich bei den rätselhaften Nachtfahrten um einen Schamanen-Seelenflug oder um ein Scheinerlebnis im somnambulen (in Trance »schlafwandelnden«) Dämmerzustand (H. Gehrts)?

Das verwirrende Element sind die zertanzten Schuhe, die dem Märchen den Namen gaben. Sie lassen auf eine reale Teilnahme an einem geheimen Tanzfest schließen, das schließlich auch der Beobachter miterlebt. Wurde eine jenseitige Welt besucht? Das Schlafgemach war ja verschlossen!

Am nächsten dürfte der Lösung des Rätsels der Vergleich mit den geträumten oder realen Hexentanzfesten auf dem Blocksberg (Brocken) oder den zahlreichen anderen Hexenbergen der Volkssagen kommen. Es ist nicht nachweisbar, aber immerhin wahrscheinlich, daß es vor dem Eingriff der

Hexenverfolger tatsächlich etwas wie Frühlingsfeste in der »Walpurgisnacht« zum 1. Mai gab, nach uralter Tradition der Erweckung der Natur nach der Winterruhe gewidmet. Volksbräuche dieser Art, wegen der sexuellen Komponente der mit dem Begriffsfeld der Fruchtbarkeit zusammenhängenden Riten sicherlich von der dörflichen Bevölkerung geheimgehalten, mußten den Argwohn der Hexenverfolger erregen und zur Beschuldigung des Teufelsdienstes führen, sobald die Inquisitoren einmal — in Ermangelung von Häretikern — in Mitteleuropa nach anderen Glaubensfeinden suchten.

Nun spielen im Hexenglauben psychotrope (bewußtseinsverändernde) Drogen verschiedener Art eine große Rolle. Es gibt Berichte darüber, daß geständige Hexen immer wieder erzählten, wie sie an geheimen Tanzfesten teilgenommen und nach einem Flug durch die Nacht mit dem Teufel bankettiert hätten. So wird etwa erzählt, eine bekehrungsbereite Hexe hätte sich in Gegenwart eines Dominikaners in einen Backtrog gesetzt, ihren Körper mit der giftigen Hexensalbe bestrichen und sei in tiefen Schlaf verfallen. »Sie hatte nun Gesichte von der Frau Venus und damit Zusammenhängendem« (so J. v. Görres in seiner »Christlichen Mystik«), »in solcher Stärke, daß sie mit gedämpfter Stimme zu jubeln anfing; so zwar, daß unter den heftigen Bewegungen, die sie mit den Händen machte, die Mulde lange hin und her schwankte, und endlich von der Bank [auf der sie stand] herabstürzend die Alte am Haupt nicht wenig verletzte.« Als sie dann erwachte, gelang es dem Dominikaner, sie von ihrem Wahn einer echten Hexenfahrt zu befreien (ob solche Milde in der Realität jemals geübt wurde, ist fraglich).

Ähnlich lautet ein Bericht aus Gräffs »Versuch einer Ge-

schichte der Criminalgesetzgebung der Steiermark«, 1817.
Die angebliche Hexe fällt »mit Gierde« über einen Topf mit
Hexensalbe her, den man ihr zu Versuchszwecken gegeben
hat, »schmiert sich eilfertig an allen heimlichen Orten,
dreht sich mit wüthenden Geberden eine Zeit lang im Krei-
se herum, und fällt unter konvulsivischen Zuckungen zu
Boden. Nach einem halbstündigen Hinstarren erwacht sie
ermattet und abgespannt, und behauptet: daß sie soeben am
Scheckelberge [auf dem Grazer ›Hausberg‹, dem Schöckel]
auf der Hexengesellschaft gewesen sey.«
Ob es tatsächlich in der Epoche vor der Hexenverfolgung
geheime Frühlings-Bergrituale gab, ist — wie erwähnt —
nicht exakt nachweisbar, wenn auch wahrscheinlich. Als
Ersatz ist auf jeden Fall der Gebrauch von drogenhalti-
gen Emulsionen nachweisbar, versetzt mit Extrakten aus
den Inhaltsstoffen von Tollkirsche, dem Tollkraut (Sco-
polia), dem Stechapfel, Bilsenkraut, Nachtschatten und anderen Giftpflanzen, die durch die Haut resorbiert wurden
und das Nervensystem beeinflußten. So wurde auch experimentell erschlossen, »daß die narkotische Hexensalbe ihr Opfer nicht nur betäubte, sondern dasselbe den ganzen schönen Traum von der Luftfahrt, vom festlichen Ge-
lage, von Tanz und Liebe so sinnfällig erleben ließ, daß es
nach dem Wiedererwachen von der Wirklichkeit des Geträumten überzeugt war. Die Hexensalbe stellte in dieser
Weise ein Berauschungs- und Genußmittel des armen Volkes dar, dem kostspieligere Genüsse versagt waren« (Füh-
ner, 1925).
Wurde der »geträumte Hexensabbat« als Ersatz für echte
Volksriten gebräuchlich, als diese nicht mehr durchgeführt
werden konnten, oder gab man etwa alten Frauen diese Mittel, weil sie bei Fruchtbarkeitsritualen nicht mehr attraktiv

genug waren? Jedenfalls ist es erklärlich, daß sich eine im Gemach eingesperrte »Hexe«, wie es heißt, »mit wüthenden Geberden« im Kreis herumdreht und ihre Schuhe zertanzt und meint, sie hätte an einem Teufelstanzfest teilgenommen. Im Grimm-Märchen mit seiner eigenartigen Poesie des Unausgesprochenen scheint sich dies zu einer dunklen, nur halb verstandenen Geschichte gewandelt zu haben, bei der die Böse am Ende zum Guten bekehrt wird.

Gute Hexen sind in unseren Märchen sehr selten — Frauen also, die übernatürliche Kräfte besitzen, aber nicht voll Bosheit sind. Ein 1891 von Ulrich Jahn in seinen »Volksmärchen aus Pommern und Rügen« veröffentlichtes Hexenmärchen mit dem Titel »Der Kater Johann« berichtet von einer alten Zauberin, die tief im Wald in einer Höhle haust; ihr »Familiar« ist ein schwarzer Kater, der ihr dient: »Was es im Haus zu tun gab, mußte der Kater Johann besorgen; Kochen und Braten, Waschen und Fegen, aber die meiste Zeit trieb er sich im Walde herum und jagte Wild für die Hexe.« Dabei findet er einmal ein ausgesetztes Kind, das er heimbringt und mit Billigung seiner Herrin großzieht. Er lehrt es das Schreiben und Rechnen, nach dem vierzehnten Lebensjahr aber unter Aufsicht der Hexe auch das Reiten auf der Ofengabel, die sich in ein Pferd verwandelt, während ein Holzscheit zu einem Jagdgewehr wird und treffsicher einer Mücke auf hundert Meter die Beine unter dem Leib wegschießt. Damit hat der Ziehsohn der Hexe und ihres Katers ausgelernt, und er bekommt nun den Auftrag, in die Welt hinauszuziehen. In Prinzenkleider gehüllt, reitet er mit dem Kater Johann fort, vollbringt viele Heldentaten und wird »wegen seiner Stärke und weil er zottig am ganzen Körper war«, nur der Bär-Ritter genannt. Hier spielt also, freilich in unterdrückter Form, wieder das Motiv der Tierverwandlung mit hinein, das nicht notwendigerweise zu diesem Märchenstoff gehört.

Nun kehrt der erwachsene Ziehsohn in die Hexenhöhle heim und erhält dort den Auftrag, dem König des Landes in einem fast verlorenen Krieg beizustehen. Der Kater selbst wird dafür in ein Schlachtroß verwandelt, und auf diesem Reittier schlägt der junge Held die Feinde in die Flucht; der gerettete König will ihm gleich seine wunderschöne Tochter zur Frau und das halbe Königreich zum Lehen geben, aber erhält die Antwort: »Ich habe noch eine alte Mutter zu Hause, die muß ich um Erlaubnis fragen.«

Die Waldhexe hat nichts gegen die Prinzessin, aber meint dann: »Ihr Königreich ist zu schlecht für dich. Geh hin und bringe die Braut zu mir, daß ich dir ein besseres gebe.« Der Vater der Braut ist erfreut zu hören, daß sein künftiger Schwiegersohn so reich ist, sein halbes Königreich zu verschmähen. Der Bär-Ritter hat freilich Bedenken, da er meint, seiner Braut könnte die Erdhöhle der Hexe nicht sehr gut gefallen — aber »da hatte er sich umsonst gesorgt: denn als er an die Stelle kam, wo das Waldschloß lag, stand an ihrer Stelle ein prächtiges Schloß mit hohen Toren und Türmen und vielen tausend Fenstern; und Diener kamen herbei, die nannten den Bär-Ritter ihren König und halfen ihm vom Rosse und der Prinzessin aus dem Wagen und führten sie samt den Gästen in das Schloß hinein. Drinnen war eine große Tafel gedeckt, und die alte Hexe saß obenan und winkte dem Bär-Ritter ...«

Das Hochzeitsmahl wird eingenommen, und das junge Paar geht zu Bett. Am anderen Morgen steht der Kater vor dem Bett des jungen Ehemannes und verlangt, wie dies auch in anderen Märchen vorkommt, daß ihm sein früherer Schützling den Kopf abhaut. Dieser weigert sich erschrocken, wird jedoch so lange gedrängt und schließlich bedroht, daß er schließlich das Schwert zieht, die Augen zudrückt und dem Kater den Kopf vom Rumpf schlägt. Aber schon sitzt dieser wieder an der rechten Stelle, und »siehe da, aus dem Kater wurde ein wunderschöner Prinz. Zugleich krachte und bebte die Erde ringsum, und aus dem Walde ward eine große Stadt und Dörfer und Mühlen und Felder und Wiesen. Das war das große Königreich, das die Hexe gemeint hatte ...«

Der Gehorsam des jungen Helden hatte einen alten Zauber gebrochen und der alten Hexe ihre frühere Gestalt zurückgegeben. Sie war früher die Königin dieses Landes gewesen, doch ein Zauberfluch hatte ihr die Erscheinung einer alten Hexe gegeben. Nun überließ sie ihrem Ziehsohn die Regierung, der mit seiner jungen Frau und dem nunmehrigen Prinzen Johann und der zurückverwandelten Hexe bis an sein seliges Ende lebte.

Wir sehen, daß die Gestalt einer segensreich wirkenden Hexe am Ende den Märchenerzählern offenbar doch zu riskant geworden zu sein scheint. Sie muß sich als bloß verwünschte »Scheinhexe« erweisen, um vertretbar zu werden. Nur in dieser Form darf sie für das Findelkind die Schicksalsfäden in die Hand nehmen!

SCHICKSALSFÄDEN

Das Grimm-Märchen »Von dem bösen Flachsspinnen« (»Die drei Spinnerinnen« in der späteren Ausgabe) erzählt von einem König, der es gern sah, daß die Königin und seine Töchter Flachs spannen, »und wenn er die Räder nicht schnurren hörte, war er böse. Einmal mußte er eine Reise machen, und ehe er Abschied nahm, gab er der Königin einen großen Kasten mit Flachs und sagte: ›der muß gesponnen seyn, wann ich wieder komme.‹«

Daß ein König sich persönlich um solche Dinge kümmert, läßt auf die Art des Königreiches schließen, das wohl eher ein Gutshof als ein Imperium war (vgl. S. 62). Wie wußte sich die von der seltsamen Leidenschaft ihres Gemahls geplagte Königin zu helfen, wie tröstete sie ihre Töchter? Sie holte drei »besonders häßliche Jungfern, die erste hatte eine so große Unterlippe, daß sie über das Kinn herunterhing, die zweite hatte an der rechten Hand den Zeigefinger so dick und breit, daß man drei andre Finger hätte daraus machen können, die dritte hatte einen dicken breiten Platschfuß, so breit wie ein halbes Kuchenbrett.« Diese drei Jungfern wurden nebeneinander mit Spinnrädern in die Stube gesetzt und instruiert, was ihre Antworten an den zurückerwarteten König betraf.

»Als der König anlangte, hörte er das Schnurren der Räder von weitem, freute sich herzlich und gedachte seine Töchter zu loben. Recht entsetzt sah er aber die ›drei garstigen

Jungfern‹ sitzen und fragte, wie denn deren körperliche Ab-
sonderlichkeiten zu erklären seien. Die große Unterlippe,
erklärte die erste, käme vom Lecken der Finger; der breite
Zeigefinger der zweiten, sagte diese, käme ›vom Faden drehen, vom Faden drehen und umschlingen!‹ dabei ließ sie
den Faden ein paarmal um den Finger laufen. Endlich die
dritte: woher den dicken Fuß? ›vom Treten, vom Treten!‹ —
wie das der König hörte, befahl er der Königin und den
Prinzessinnen, sie sollten nimmermehr ein Spinnrad anrühren und so waren sie ihre Qual los« (1812).
Diese Geschichte hatte in ähnlicher Form bereits 1669 Johannes Praetorius, der Autor der Rübezahlgeschichten, in
seinem »Abenteuerlichen Glückstopf« veröffentlicht. Dort
ist es ein Bräutigam, der von seiner Auserwählten fleißiges
Spinnen verlangt und durch den vermeintlichen Anblick
der Folgen dieser Tätigkeit milde gestimmt wird. Die Braut
durfte nun »ihr Lebtage keinen Faden mehr spinnen, damit
sie kein solches Ungetüm werde«.
Das Spinnrad und die Spindel kommen in mehreren alten
Märchen vor, so etwa in jenem vom Dornröschen und in
dem vom Rumpelstilzchen. Der letztgenannte Geist ist ein
Helfer wie die »drei garstigen Jungfern« der von ihrem Gemahl geplagten Königin — ein Übernatürlicher, der im Augenblick der größten Not dem Mädchen zu Hilfe kommt,
dafür aber eine hohe Belohnung fordert. Die drei Spinnerinnen in dem einleitend erwähnten Märchen tun dies nicht
— sie erscheinen bloß und wirken abschreckend, und damit
greifen sie in den Lebensweg der mit ihnen in Kontakt stehenden Menschen ein. Sie haben auf diese Weise die Geschicke gelenkt, Schicksalsfäden gesponnen.
Das Spinnrad ist in Mitteleuropa nicht sehr alt — es setzte
sich erst im späteren Mittelalter durch. Früher wurde mit

der Handspindel Flachs zu Leinen gesponnen. In vielen alten Mythen wird das Spinnen mit der Tätigkeit der Schicksalsmächte verglichen, mit jenen Nornen, die an den Wurzeln des Weltenbaumes am Urdbrunnen sitzen (vgl. S. 115) und dort den Lebensfaden in der Hand halten — Urdr, Verdandi, Skuld, gleichgesetzt mit Vergangenheit, Gegenwart und Zukunft oder Anfang, Mitte und Ende oder Geburt, Leben und Tod. Die erste nimmt den Faden auf, die zweite dreht ihn zusammen, die dritte reißt ihn ab. Zwei davon werden daher als »gut«, die dritte als »böse« angesehen, obwohl sie naturgemäß zusammengehören. In Form von drei häßlichen Spinnerinnen wird ihnen in grotesker Gestaltung und ohne Rücksicht auf ihre einstige Rolle Gleichrangigkeit zugestanden. In der Saemund-Saga heißt es über das Schicksal des Fürsten Helgi:

> Urzeit war es, Aare schrien,
> von Himmelsbergen sank heil'ges Naß —
> da hatte Helgi, den Hochgemuten,
> Borghild geboren in Bralunds Schloß.

> Nacht war's im Hof, Nornen kamen,
> sie schufen das Schicksal dem Schatzspender...
> goldnes Gespinst spannten sie aus,
> festigten's mitten im Mondessaal...

Die Schicksalsspinnerinnen betreten nachts die Burg, drehen die Schicksalsfäden und spannen das Gespinst mitten am Himmel aus. Es heißt dann, daß zwei die Fäden im Osten und Westen, die dritte im Norden befestigte. Zwischen Ost und West sollte des neugeborenen Fürsten Land liegen — unklar ist, ob das Fadenspannen nach Norden sei-

Spindel und Schicksalsfaden. Dornröschen-Illustration (oben) von Ludwig Richter (1803—1848) und die Parzen oder Moiren (rechte Seite) in der Kunstmythologie des Vicenzo Cartari (Venedig 1647).

ne Begrenzung bedeutet. Sicher ist nur, daß die *Nornir* mit ihren Fäden festlegen, wie der Lebensweg des von ihnen besuchten Kindes bestimmt wird.

Nornen, auch Seherinnen *(völur, spâkonur)* genannt, entscheiden auch in der Nornagest-Saga über das Geschick des Neugeborenen. Die drei Schwestern werden in das Haus eingeladen, in dem die Geburt stattfand, und zwei der drei Seherinnen verheißen dem Knaben Glück und hervor-

ragende Eigenschaften; die dritte »Norn«, die im Gedränge vom Sitz herabgestoßen wurde, ist erzürnt und ruft aus: »Ich schaffe, daß das Kind nicht länger leben soll, als bis diese neben seiner Wiege brennende Kerze ausgebrannt ist!« Die älteste der drei Schwestern aber nimmt diese, bläst sie aus und gibt sie der Mutter, mit der Ermahnung, das Licht nicht eher als an des Kindes letztem Lebenstag anzuzünden. Hier ist nicht vom Lebensfaden, sondern vom Lebenslicht die Rede (wie in dem Märchen vom »Gevatter Tod«), aber die Dreiheit der Schicksalsfrauen blieb erhalten. Die erzürnte »Fee«, deren Urteilsspruch durch den Eingriff einer anderen wenigstens gemildert wird, kennen wir auch vom Dornröschen-Märchen her, in dem wieder die Spindel eine fatale Rolle spielt. *Tres sorores, deas fatales«* (drei Schwestern, Schicksalsgöttinnen) werden auch um 1200 von Nigellus Wirekere erwähnt.

»Das Weben der Nornen und die Spindel der Feen weisen uns auf häusliche, mütterliche Gottheiten«, schreibt Jacob Grimm in seiner »Deutschen Mythologie« und bemerkt, »daß ihr plötzliches Erscheinen, ihr Verweilen an Brunnen und Quellen mit den Vorstellungen des Altertums von Frau Holda [Holle], Berchta und ähnlichen Göttinnen zusammentrifft, die sich des Spinnens befleißigen, Säuglinge und Kinder begaben. Bei den Kelten namentlich mögen die *Fatae* (Verkörperungen des Schicksals, des Fatums) in den Begriff der *Matres* und *Matronae* auslaufen, wie wir ihn bei Deutschen mehr auf göttliche als auf halbgöttliche Wesen angewandt finden. Von dieser Seite liegt in den Feen etwas Höheres als in unseren Idisen und Nornen, die dafür etwas kriegerischer erscheinen.«

Das Bild von den in die Wiege mitgegebenen Geschenken der Schicksalsspenderinnen weist auf die menschliche Erfahrung hin, daß manche Kinder offensichtlich mit bestimmten »Gaben« (Anlagen, Talenten) zur Welt kommen. Erich Neumann, der Tiefenpsychologe, bemerkt dazu: »Daß sie zu dritt, oder dreimal drei, seltener zu zwölft auftauchen, hat seinen Grund in der tief alles Geschaffene durchdringenden Dreiergliederung, ist aber bei diesem Anlaß zumal als Hinweis auf die drei Zeitstufen alles Werdenden zu verstehen.« Daß die Dreizahl auch sonst in den Märchen des Abendlandes eine dominierende Rolle spielt (in der Neuen Welt ist davon fast nichts zu bemerken!), ist zu bekannt, um es besonders hervorzuheben. Wir sehen darin auch eine Parallele zum »Hegelschen Dreitakt« von These, Antithese und Synthese, die den schroffen Gegensatz eines reinen Dualismus vermittelnd mildert — ähnlich wie der Eingriff der »guten« Norn das Todesurteil der »bösen« relativiert.

In Friedrich Panzers »Bayrischen Sagen und Bräuchen« (1848—55) werden mehrere sagenhafte Berichte von drei Frauen erwähnt, so etwa:

Die Wehld bei Brückenau (Unterfranken) ist die Stätte, wo drei Schwestern ein Schloß hatten, das aber mit ihnen in die Tiefe versunken ist; eine der Schwestern war halb weiß, halb schwarz, die beiden anderen waren weiß und schön ... Diese drei Jungfrauen erschienen öfter in den umliegenden Dörfern ... bei Kindstaufen mit Musik und bei Hochzeiten.

Im Haghof bei Lohndorf in Oberfranken hatten drei Jungfrauen ein Schloß. Mal begegneten ihnen Burschen auf dem Weg nach ihrem Schloß. Jede trug einen Rocken mit neun darauf gesteckten Spindeln.

Zwei hatten ihre neun Spindeln vollgesponnen..., die dritte aber hatte neun leere Spindeln auf ihrem Stuhlrocken. Sie war sehr traurig, und die beiden anderen sprachen: Hättest du deine Spindel nur dreimal übersponnen, so wärest du nicht verloren.

In der Ottiliakapelle zu Hermatshofen in Schwaben stehen drei hölzerne bemalte Figuren; es sind die drei Schwestern: Ottilia, Mechtild und Gertraud. Jede hat einen langen Stab mit einem Blumenkranz. Sie sind die Beschützerinnen des Dorfes...

Das Wesen der drei auch in christlichem Gewand weiterverehrten Schicksalsfrauen charakterisieren Spieß und Mudrak zusammenfassend folgendermaßen: »Sie sind Spinnerinnen, erfreuen sich an Gesang und Tanz. Sie suchen die Feste der Menschen auf, nehmen teil an der Feier von Geburt und Hochzeit. Sie verleihen Fruchtbarkeit und stehen der Frau in ihrer schweren Stunde bei. Sie wehren Seuchen und Mißwuchs ab und werden ›Heilrätinnen‹ genannt. Von den dreien sind gewöhnlich zwei schön und weiß, während die dritte halb weiß und halb schwarz ist. Sie ist die Zwiespältige und erinnert in ihrer Gestalt an die [germanische Unterweltsherrin] Hel.« Besser wäre der Hinweis auf jene Norn, die den Faden abreißt und den Namen Skuld trägt, Verkörperung der unabwendbaren Todesstunde jedes Menschen. »Züge eines alten neunteiligen Weltbildes leuchten in einem Berichte auf, nach welchem die drei Frauen hinter neun Türen in der neunten Welt sitzen. Die drei Frauen mit je neun Spindeln lassen deutlich erkennen, daß sie Zeitgestalten sind und damit Beziehung zur Zeitordnung und ihrer Grundlage, der Zeitgliederung, haben.« Die neun Weltenreiche, in den Baum Yggdrasil eingebettet, haben wir bereits erwähnt (S. 115).

Die drei sagenhaften heiligen Frauen tragen im Alpenraum Namen wie Ainbeth, Wilbeth und Warbeth (die »drei Bethen«) oder auch Katharina, Barbara und Lucia. In Südtirol ist die Verehrung der »drei heiligen Jungfrauen von Meransen« bekannt. Der »mütterliche Dreiverein« im Kult der »drei Marien« im Rheinland wird im Lexikon der Antike (»Der kleine Pauly«) mit dem antiken der drei *Matres* oder *Matronae* in Verbindung gebracht, mit »mütterlichen Gottheiten als Fruchtbarkeits- oder allgemeinen Segenspenderinnen und Schutzgeistern«, der in Gallien und Teilen des römischen Germaniens verbreitet war. Weihesteine wenden sich an die »*Matres Conservatrices, Domesticae, Montanae, Sanctae*« und stellen sie als sitzende Frauen in reichem Gewand, mit Blumen, Früchten und Ähren in den Händen dar. Im antiken mythologischen Weltbild ist von den Moiren (Klotho, Lachesis und Atropos) oder Parzen die Rede, doch als Triaden treten auch die Grazien, Horen, Gorgonen, Graien und Erinnyen (Eumeniden) auf. Die Neunheit der Musen läßt auf eine Dreigestaltigkeit im Hintergrund schließen.

Eine weibliche Triade ist bereits auf einem akkadischen Siegelzylinder dargestellt (um 2200 v. Chr.); die griechischen Moiren werden von Homer *klothes*, Spinnerinnen, genannt. Das Spinnen ist mit dem Weben des Schicksalskleides verbunden. Die Valkyrien oder Walküren weben das Schlachtgewebe, wie es in einem grausam-poetischen Wikinger-Gedicht über einen Kampf in Nordschottland ausgedrückt wird:

Triaden weiblicher Mythengestalten: die Grazien (oben) *und die Furien* (rechts)
(Vicenzo Cartari, Venedig 1647).

Weit ist gespannt
zum Waltode
Webstuhls Wolke.
Wundtau regnet.
An Geren hat sich
Grau erhoben
Volksgewebe
das die Freundinnen Odins
mit rotem Einschlag füllen...

In einem alten schwedischen Lied ist die Sonne selbst die Spinnerin:

Frau Sonne saß auf nacktem Stein
und spann auf ihrem vergoldeten Rocken
drei Stunden, ehe die Sonne ging auf...

Spinnen und Weben gehören zum weiblichen Aufgabenkreis wie Jagd und Krieg zum männlichen. Die Erkenntnis,
daß der Schicksalsweg nicht von den kriegerischen Aktivi-
täten bestimmt wird, sondern vom Wirken in der Stille, hat
sich über die Jahrtausende hinweg in Sagaheim erhalten.
Die Krieger werden von den Walküren wie Rohmaterial behandelt, während sie meinen, die Geschicke zu lenken. Geburt, Leben und Tod werden von großen Göttinnen bestimmt, die am Schicksalsbrunnen sitzen.
Im Anschluß an Robert von Ranke-Graves vertreten manche Mythenforscher die Ansicht, daß die weibliche Dreiheit von einer alten Göttinnengestalt abhängt, die sich in
dreifacher Form (als Mädchen, Frau und Greisin) manife-
stierte; auch die spukhafte Hekate, die dreigesichtige, sei
eine Ausformung dieser Göttin. Wahrscheinlich ist dies

aber nur ein Sonderfall eines weiterreichenden Konzepts, das eine Frauengemeinschaft mit der altehrwürdigen Dreizahl und dem Konzept des Schaffens verbindet. Aus dem flockenartigen Flachs wird der Faden gedrillt, aus dem Faden das Gewebe hergestellt, und damit wird etwas ins Dasein gerufen, das es vorher nicht gab. Eine schöpferisch-produzierende Tätigkeit dieser Art ist eine weibliche Domäne, ähnlich wie die Töpferei und die Sorge um das Korn. Sie wird offensichtlich höher geachtet als Jagd und Krieg, und die Bestimmung des Schicksals liegt daher nicht in der Hand eines Blitz- und Donnergottes, sondern ist den stillen Spinnerinnen vorbehalten. Sie haben auch die Macht, den gesponnenen Faden vorzeitig abzureißen oder abzuschneiden.

Repräsentiert das Bild der Hexe, mit dem wir uns im vorigen Abschnitt auseinandergesetzt haben, die männliche Angst vor den großteils unverständlichen und daher gefürchteten Kräften der Frau, so ist deren Rolle bei der Bewältigung des Fatums in anderer Gestalt unverkennbar. Die Hexe als Ziehmutter des Bär-Ritters bewahrt noch das Gesicht einer Schicksalsmutter, die über große Kräfte verfügt und sie segensreich anwendet. Die Baba Jaga ist bereits weiter in das Dunkel gerückt. Sie regiert über den Gang der Zeiten (die drei Reiter, S. 82), aber ihre Erscheinungsform wirkt dämonisch. Weit in der Ferne vergangener Zeiten sind Hüterinnen des Schicksals zu erkennen, die ohne Schlachtenlärm und lautes Posaunen den Kreislauf des Lebens beaufsichtigen. Auch die Gestalt der Frau Holle können wir unter diesem Blickwinkel besser verstehen.

Die männliche Einweihung führt in die Region der Außenwelt-Gefahren, in den Kampf mit Wolf und Drachen, der bestanden werden muß. Die weibliche Initiation führt meist durch den Urd-Brunnen zur Wurzelregion des Weltenbaumes, und die Bewährung besteht vorwiegend im Erfüllen der Pflichten. Dadurch erwachsen der jungen Frau die Kräfte, die sie zum Ersteigen des Glasberges und zum Erlösen ihrer Brüder befähigen.

Dies ist zumindest eines der Grundthemen der ererbten Geschichten von Sagaheim. Es gibt auch andere, etwa den Weg durch den fernen Jenseits-Westen durch das Totenreich zur Neugeburt. Alle sind eingebettet in ein Weltbild, das dem Menschen seinen rechten Ort und seinen Pflichtenkreis zuweist — und ihm auferlegt, sich in seinem Kosmos richtig zu verhalten.

NACH SAGAHEIM UND ZURÜCK...

Wir haben im Verlauf der vorigen Abschnitte sicher nicht ganz Sagaheim erobert, aber immerhin einige Expeditionen in dieses weite Land unternommen. Das Ziel war, dabei lohnende Ausblicke von verschiedenen Standpunkten zu erleben. Mit den alten Märchen befassen sich ja Fachleute verschiedener Disziplinen mit verschiedenen Zielen — Märchenforscher im engeren Sinn, Mythologen, Volkskundler, Kulturhistoriker, Religionsethnologen, Psychologen, Vertreter der anthroposophischen Lehre... und jede der dabei angeschnittenen Fragestellungen hat ihre Berechtigung. Unsere Absicht war es, »verborgenes Wissen« auszugraben, das nicht auf den ersten Blick sichtbar werdende Geistesgut, für dessen Aufspüren es einiger Mühe bedarf, die sich aber dann auch lohnt.

Zunächst ist zu bemerken, daß dem Verfasser von seiten mancher Mitmenschen blankes Unverständnis und Verblüffung entgegengebracht wurde, wenn von der Arbeit an einem Buch über Märchen die Rede war. Märchen — Nonsens für Kinder (ein auch von wissenschaftlicher Seite erhobener Einwand), hieß es da, was soll ein Erwachsener damit anfangen?

Nun soll die Rolle des Märchens in der Geistesbildung des Kindes an sich keineswegs geringgeschätzt werden. Wer als Kind nie die bunte Welt und eindringliche Phantastik des Märchenlandes kennengelernt hat, ist zu bedauern. »Waren es nicht die Märchengestalten, die uns den Goldschatz in unserer eigenen Seele entdecken lehrten?« fragt der anthroposophische Autor Rudolf Meyer. »Lebensschmerzen und Schicksalsführungen wurden uns an ihnen ahnungsvoll bewußt ... Märchen, die die Mutter dem Kinde erzählt, immer wieder erzählt, bilden ein Ferment unseres Gemütslebens.« Der gelegentlich erhobene Einwand, die in den Märchen vorkommenden Grausamkeiten könnten Kinder erschrecken und negativ beeinflussen, löst sich bei näherer Betrachtung in nichts auf. Die naive Schwarzweißmalerei der Charaktere, die ja nur andeutungsweise individuell ausgeformt sind, braucht die klare Unterscheidung von Gut und Böse, um dem Hörer die Stellungnahme zu ermöglichen. Wenn das drohende Dunkel klar angesprochen wird, ergibt sich dadurch die Möglichkeit der Entscheidung dagegen. So ist die Zeichnung klarer Kontraste in holzschnittartiger Manier möglich, und der Sieg des Guten erweckt das Bestreben, ihn nachzuvollziehen. Ein Verdrängen der finsteren Mächte würde dem Märchen seine Konturen nehmen. Mit fortschreitender Entwicklung stellt sich beim Kind von selbst eine nuanciertere Betrachtung der Umwelt ein.

Auch sollte nicht befürchtet werden, daß der Sagaheim-Besucher zeitlebens zum Traumtänzer wird und den Boden der harten Realität verläßt. Mythos und Logos sind nicht zwei einander ausschließende Gegenpole der Weltbetrachtung, sondern sollen einander ergänzen. Wer die Wunder der »Anderswelt« kennt, wird deshalb noch lange kein weltflüchtiger Phantast; er wird aber die oftmals allzu graue Alltagslandschaft nicht als alleinseligmachend empfinden und sein Heil in hemmungslosem Konsumzwang sehen — vielmehr wird er sie mit den lebhaften Farben von Kreativität und Phantasie beleben.

Der Märchenforscher im engeren Sinn wird die hier darge-
botene Betrachtungsweise wohl als zuwenig fachgerecht
empfinden. Der Vergleich der Märchenmotive mit alten
Mythen, vor allem mit jenen der Edda, wird vielfach als an-
tiquierter Standpunkt bezeichnet, eine »mythologisierende
Auffassung« als nicht zeitgemäß abgewertet. In der Tat lebt
das Märchen nicht in einer bestimmten Zeit, sondern in einem Kontinuum jenseits der aktuellen Chronologie. Diese
»Anderszeit« ist aber zugleich die Signatur der Echtheit
und Wirklichkeit in einem höheren Sinn. Märchen sind weder uralt noch modern, sondern — obwohl viele ihrer Bausteine aus längst vergangenen Epochen stammen — mit einer eigenen Aktualität begabt. Natürlich sind sie nicht
wortgetreu aus der Altsteinzeit überliefert worden, sondern
haben viele ihrer Charakteristika erst im 15. und 16. Jahrhundert angenommen, doch die Überzeitlichkeit und die
Unabhängigkeit von realen Orten verleiht ihnen gerade ihr
Gewicht. Das Über-Irdische wird in ihnen auf menschli-
chem Niveau vorgestellt, einfach und klar, wobei immer
wieder der uralte Erfahrungsschatz der Menschheit manifest wird. Um dies zu erkennen, ist bestimmt keine »Re-My-
thologisierung« nötig, sondern nur die Kenntnis des kulturgeschichtlich erarbeiteten Basismaterials.
Der Gesichtspunkt der Initiation, der Jugendweihe und der
Einführung in höheres Wissen ist dem Religionsforscher geläufig. Wenn wir in den Märchen vielfach Anklänge an prähistorische und exotische Initiationen registrieren, so muß
dies nicht wörtlich so zu verstehen sein, als würden die Einweihungsriten in verhüllter Form dargeboten werden. Ihr
Gehalt kann sich auch ohne unmittelbar verbindende Tra-
ditionskette erhalten haben; er kann einer psychischen
Grundstruktur der Menschheit entsprechen und einerseits

— unter bestimmten Auslöserfaktoren — zu den Initiationsriten, unter anderen Voraussetzungen hingegen zu den ver-
gleichbaren Märchen geführt haben.

Die Tiefenpsychologie im Sinn von C. G. Jung spricht vom
Prozeß der Selbstwerdung, vom Weg zum Wesenskern der
komplexen Persönlichkeit: der »Individuation«. Die dabei
zu absolvierenden Stationen und Bilder in den Initiationsriten sind innerlich eng verwandt mit den Symbolen der Alchimie und auch der Märchen. Dieses setzt freilich nicht
voraus, daß es »geglaubt« wird, sondern stellt sich zunächst
als freies Spiel der Phantasie dar. Bei näherer Betrachtung
zeigt sich jedoch, daß der Fundus an Motiven begrenzt und
der Gang der Erzählung von bestimmten Gesetzen geprägt
ist. Daher wird nicht bloß, wie dies auch manche Märchenerzähler selber glauben, frisch-fröhlich »gelogen«, sondern
das weitgehend vorgegebene Basismaterial mit seinen zum
Teil sehr alten Komponenten wird bloß neu arrangiert und
persönlich ausgeformt.

Dies gilt auch dann, wenn es kaum jemals möglich ist, die
einzelnen Grundmotive historisch oder geographisch exakt
zu definieren und anzugeben, was deren ursprüngliche Bedeutung gewesen sein mag. Ihr Sinn ist dabei ohnehin nicht
immer eindeutig anzugeben. Mit echten Symbolen haben
auch die Märchen gemeinsam, daß sie nicht nur *eine* ver-
bindliche Deutung beanspruchen, sondern auf verschiedenen Ebenen relevante Antworten geben. Diese können bei
naiver Betrachtung der buchstäblichen Aussage anders lau-
ten als beim Blick »hinter die Kulissen«, aber beide müssen
auf ihre Art stimmen.

Der Märchenheld muß nicht unbedingt die Sprache der Vögel und das Bellen der Hunde verstehen, obwohl eine gut-
ausgebildete Einfühlungsgabe in die Natur als erstrebens-

wert geschildert wird. Scharfsinnigkeit bedeutet in den Märchen, alles zu beachten, was sich beobachten läßt, und nichts zu vernachlässigen, hilfreiche Ratschläge von unscheinbaren Wesen nicht in den Wind zu schlagen. Auch Normalvernunft aber ist nicht zu verachten. Bemerkenswert ist, was ein Vater seinen Söhnen in einem Märchen aus Usbekistan mit auf den Weg gibt:

»Liebe Söhne, wir haben weder Vieh noch Geld, noch sonst irgendwelchen Besitz auf Erden. Deshalb müßt ihr andere Reichtümer sammeln. Strebt stets danach, viel zu wissen und zu lernen. Habt statt großer Herden einen findigen Geist und statt des Goldes einen scharfen Verstand. Mit solchen Reichtümern werdet ihr überall in der Welt durchkommen...«

Die Söhne beherzigen diese Mahnung, geraten zunächst in eine schwierige Situation und werden schließlich von einem Schah geprüft, ob sie tatsächlich so scharfsinnig sind, wie sie vorgeben. Der Wesir verläßt den Palast und kehrt bald mit zwei Dienern zurück, die eine große Truhe hereintragen. Nun fragt der Schah, was sich in der verschlossenen Truhe befinden könne. »Der älteste Bruder antwortete: In dieser Truhe liegt ein kleiner runder Gegenstand. Ein Granatapfel, fügte der zweite hinzu. Der noch nicht ganz reif ist, ergänzte der dritte.« Der Schah ist verblüfft und muß anerkennen, daß alles stimmt, und natürlich fragt er nach einer Erklärung.

Die Truhe trugen zwei Diener, versetzte der älteste Bruder. Aber man sah, daß sie ganz leicht war. Als die Diener die Truhe auf den Boden stellten, hörte ich einen kleinen runden Gegenstand von der einen Seite auf die andere kullern. — Der mittlere Bruder fügte hinzu: Ich habe mir überlegt — die Truhe hat man aus dem Garten gebracht, und in ihr befindet sich ein kleiner runder Gegenstand, also wird es ein Granatapfel sein, denn neben deinem Palast wachsen Granatäpfel. — Aber wie, fragte der Schah, konntest du wissen, daß es ein unreifer Granatapfel war? Der jüngste Bruder antwortete: In dieser Jahreszeit sind alle Granatäpfel grün — davon kann sich jeder überzeugen! Der Schah schaute aus dem Fenster. In seinem Garten standen die Granatapfelbäume, mit unreifen Früchten beladen.

Es muß nicht immer »Psi« sein — aber es kann.
Wer hinter der naiven Fabulierfreude der Märchenerzähler einen tieferen Sinn und altes Erfahrungsgut vermutet, wird leicht zum Irrationalisten gestempelt. Aber schon die weite Verbreitung der Grundmotive sollte zeigen, daß es nicht um willkürliches Gaukelwerk der freien Assoziation geht, sondern um ein geregeltes Spiel aus fernen Zeiten, mit gleichartigen Grundkonzeptionen und Zielen inszeniert. Und es ist mehr als bloßes Spiel, mehr als Zeitvertreib. Die geistige Auseinandersetzung mit den potentiellen Möglichkeiten des Lebens übt Situationen ein, die jedem von uns begegnen.
Wir müssen nicht davon ausgehen, daß der Reisende durch Sagaheim prophetische oder sonstige Psi-Talente entwickelt, aber sein »Gespür« wird geschärft. Bei den alten Jägerstämmen dienten das Tiermärchen und das Jagdritual dazu, sich auf das Wesen des Wildes einzustellen und die Scheu vor ihm zu verlieren. Ein Zitat aus dem bereits erwähnten Afrikabuch von Stuart Cloete: »Es ist eine erwiesene Tatsache, daß ein Mann, der sich gefährdet glaubt, sehr

Das strahlende Schloß am Ende des Waldesdunkels gehört zum Szenario. Märchenillustration von Gustave Doré (1823–1883).

wahrscheinlich auch in Gefahr gerät. Der Mann, der sich vor Elefanten fürchtet, wird eher angegriffen als einer, der keine Angst hat. Auf eine uns noch unbegreifliche Weise scheinen die Tiere spüren zu können, in welcher inneren Verfassung sich der Jäger befindet.«

Magische Schutzmaßnahmen verleihen daher Sicherheit. In weiterem Sinn entspringt diese innere Stärke, die gegen Gefährdung wappnet, auch dem Bewußtsein, bedrohende Situationen bereits durchgespielt zu haben, existentielle Auseinandersetzungen zu kennen. Märchen als Erlebnisse, die nicht nur den Verstand, sondern auch die tieferen Wurzeln der Persönlichkeit anrühren, rauschen nicht am Hörer vorüber, ohne Spuren zu hinterlassen. Sie üben ihren Einfluß auf zunächst unmerkliche, aber dennoch spürbare Weise aus und öffnen die Herzen. »Wenn die Märchen verstummen, verdunkelt sich unser Lebensweg«, schreibt Wolfdietrich Siegmund in der Einführung zu dem Sammelband »Antiker Mythos in unseren Märchen«. Denn »die Vernunft allein schützt nicht vor Ratlosigkeit und Verzweiflung, wenn der Mythos, das Wissen des Herzens geringgeschätzt wird. Mythen und Märchen gehören zum tragenden Grund der Menschenseele und sind Boten der Menschlichkeit.«

Die Botschaften, die uns durch sie übermittelt werden, sind nicht Blitz- oder Patentlösungen für jede Lebenslage. Es geht um das Vertrauen in die innere Stärke und Festigkeit, um unerschütterliches Festhalten an einmal anerkannten Wahrheiten trotz drohender Gefahren. Nicht Körperkraft und Gelehrsamkeit im »weltlichen« Sinn sind ausschlaggebend, sondern tiefere Einsicht in große Zusammenhänge (die »Zauberkunst« des Märchens), die in Menschheitspraxis umgesetzt werden kann. Selbstvertrauen, Pflichtbewußtsein, Herzensgüte und Courage werden belohnt, Überheblich-

Am Ende des Weges und des dunklen Waldes wird das lichte Ziel sichtbar. Märchenillustration von Gustave Doré.

keit und Egoismus hingegen hart bestraft. Wenn im Alltagsleben die Strafe auch nicht buchstäblich erfolgt, so besteht sie immerhin in der Seele des »Sünders« selbst, der dadurch weniger aufnahmefähig für die wahren Schätze des Lebens wird.

Dabei wird in den Märchen sehr häufig betont, daß der Sünder (die Sünderin) sich das Urteil selbst wählt und bei Einsicht in die Schuldhaftigkeit eine mildere Strafe erhalten hätte. »Was soll mit dem Menschen geschehen, der dies getan hat?« heißt es da, und der für die Natur seines Handelns blinde Mensch formuliert eine brutale Strafe. Er hat sich damit »sein Urteil selbst gesprochen« und wird daher nicht einer fremden Justiz unterworfen, sondern nur seinem eigenen Rechtsempfinden. Dieses aber versagt dort, wo es um die Beurteilung der eigenen Person geht. In der Alltagsrealität wird der hemmungslos Eigensüchtige nicht direkt in ein benageltes Faß gesteckt und in den Fluß gerollt, aber er bleibt im engen Kerker seiner versteinerten Wände gefangen, unfähig zum Erleben von Liebe und Freundschaft, von Glück und echter Freude.

Diese Botschaft, wie wir sie noch heute vernehmen können, ist keine Errungenschaft der neuen Zeit und muß auch nicht durch moderne Didaktik aktualisiert werden. Ungezählte Generationen von Menschen haben mitgewirkt, das verborgene Wissen um die Seelenstärke und ihre Umsetzung in die Realität durch eindringliche Bilder zu vermitteln. Die Märchen, deren Grundbestand trotz vielfacher Umgestaltung Jahrtausende alt ist, bergen einen großen Erfahrungsschatz im humanen Sinn. Gold und Edelgestein, wunderschöne Prinzessinnen und Herrscherkronen, Zauberjuwelen und Wunschhütlein erweisen sich als seelische Besitztümer, die nur durch Mut und Selbstüberwindung erworben werden können. Wer die geheime Sprache der Märchen zu verstehen gelernt hat, den werden sie wahrhaft bereichern.

ANHANG: MÄRCHENPRAXIS

Mancher Leser wird den Wunsch empfinden, mit dem erworbenen »Sagaheim«-Wissen praktisch etwas anzufangen.

Märchen leben nicht davon, daß sie jemand in der Stille liest. Sie müssen zum Leben erweckt werden, um wirken zu können. Reisen in die Märchenwelt sind kommunikative Erlebnisse. Es liegt in ihrer Natur, daß zumindest zwei Menschen daran beteiligt sein müssen: ein Erzähler und ein Zuhörer. Aber das ist das absolute Minimum! Besser ist es, wenn — wie auf orientalischen Märkten — eine Schar von Zuhörern um den Erzähler versammelt ist.

Dann haben die Märchen mit ihren wirkkräftigen, einfachen Bildern und ihrer Wegweisung zu menschlichen Lösungen aller Probleme die Kraft, sich wirklich zu entfalten. Ein echtes Märchenerlebnis, in dem Wesentliches einfach gesagt wird, dient zur Erweiterung des Spektrums der Gefühle. Indem es in eine zauberhafte Welt entführt, löst es die Zwänge und die Verkrampfungen des Erwachsenseins. Es läßt die Welt wieder in den kräftigen Farben der Jugend erglühen, mobilisiert die Spontaneität und mildert den Grauschleier der alltäglichen Nur-Vernunft; dann fliegt, wie einst Novalis dies ausgedrückt hat, vor einem geheimen Wort das ganze verkehrte Wesen fort.

Wie lassen sich diese schönen Ideen in die Praxis umsetzen?

*

Die beste Märchenzeit ist der Abend. Märchen passen nicht so recht zu hellem Sonnenschein. Dämmerlicht läßt sie kräftiger wachsen. Schön wäre als Ort eine Waldlichtung mit einem kleinen Lagerfeuer — doch dies ist nur selten realisierbar. Stechmücken und Feuerpolizei dürften oft ein Veto einlegen, und einen eigenen Schloßpark, in dem sich ein Märchenabend veranstalten ließe, hat nun einmal nicht jeder.

Bleiben wir also doch lieber in der Wohnung. Es soll sich nicht um ein Durchgangszimmer handeln, sondern um eine stille Ecke, möglichst weitab vom TV-Kasten. Wir verzichten auf die Elektrizität und zünden einige Kerzen an. Das lebende Licht der Flämmchen zaubert sofort eine ganz andere Stimmung her als die Glühbirne. Im Winter wäre flackerndes Kaminfeuer ideal, aber wir wollen bescheiden bleiben.

Wir setzen uns in einer harmonischen Gruppe zusammen, unterhalten uns zwanglos, aber nicht über Alltagsprobleme. Es gibt Themen, die sofort die Weichen zur Reise in die »Anderswelt« stellen — so etwa: Wer hat schon einmal etwas Unerklärliches oder (vielleicht) Übersinnliches erlebt? Einen Traum, der sich bewahrheitet hat, eine Vorahnung, eine Vision?

Jemand sorgt für leise Hintergrundmusik. Schön wäre es, wenn jemand den Mut und das Talent hätte, etwas zur Gitarre zu singen, und wenn er zum Mitsingen ermuntern könnte. Aber natürlich geht auch das nicht überall. Es gibt auf Platte und Tonband schöne »Elfenmusik« — so etwa die Peer-Gynt-Suite von Grieg oder die Ouvertüre zum »Sommernachtstraum« oder die »Bilder einer Ausstellung«. Es soll sich nicht um Alltagsmelodien handeln, sondern feierlicher klingen. Auch indische Ragas wären geeignet, wenn sie nicht als zu fremdartig empfunden werden. Jeder Musikfreund wird bald spüren, welche Art von Musik das Gefühl anspricht, und sich nach seinem Freundeskreis richten. Jüngere Märchenfreunde werden vermutlich modernere Schwingungen bevorzugen; vielleicht Stefan Micus (»Implosions. Till the End of Time«), Popol Vuh (»In the Gardens of Pharao«), William Wichmann (»Beyond the Golden Realm«), Alain Stivell (»Symphonie Celtique«).

Musik dieser Art hebt von der Sphäre der Alltäglichkeit weg, ob es sich nun um Mozarts »Kleine Nachtmusik« oder um moderne »kosmische Musik« handelt. Nach kurzer Zeit hat sich eine Atmosphäre der Entspanntheit und Freude verbreitet — das läßt sich nicht erzwingen, aber normalerweise klappt es.

Nun wollen wir uns gezielter auf die Märchenreise vorbereiten. Das ist nicht ganz so einfach, wie es klingt. Kinder wie auch Erwachsene sträuben sich oft dagegen, infantil zu erscheinen. Die Schwellenangst muß also zunächst überwunden werden — niemand soll das Gefühl haben, sich wie ein Kleinkind fühlen zu müssen.

Jemand sollte jetzt das Gespräch auf das »verborgene Wissen in den alten Märchen« bringen. Er sollte erwähnen, daß es sich nicht in erster Linie um Kindergeschichten handelt, sondern — um es hochtrabend auszudrücken — um Kreativitätstraining; daß die frei entfaltete Phantasie das Empfindungsleben bereichert und die Lebensfreude erhöht. Wenn die versammelten Freunde kulturgeschichtlich orientiert sind, kann von den alten Einweihungsriten und ihren Spuren in den Märchen erzählt werden. Ist diese Verbindung wahrscheinlich? Wer kennt ein Märchen, an dem sich Ähnliches ablesen ließe?

Damit steigen wir in das Erzählen ein. Keiner kann sich genau an bestimmte Märchen erinnern, daher muß das Märchen selber zur Sprache gebracht werden.

Es kann aber sein, daß die Schwellenangst noch immer zu stark ist. Dann lassen wir zunächst die Märchen beiseite und regen an: Wenn es Archetypen gibt, dann müssen sie auch in Träumen auftauchen. Kann sich jemand an einen Traum erinnern, der wie ein Märchen wirkte?

Normalerweise wird dann bereits spontan erzählt — nicht unbedingt das, was wirklich einst im Traum geschehen ist, denn dieses Erleben ist sehr flüchtig und kaum in zusammenhängende Sätze zu kleiden. Die Erzählung hängt die Einzelteile zusammen, macht eine Geschichte daraus. Wenn einmal eine mitgeteilt wurde, drängen sich erfahrungsgemäß schon weitere Erzähler vor. Das Eis ist gebrochen.

*

»Und das erinnert mich jetzt an ein Märchen, das ich gehört oder gelesen habe — und zwar...« Wer kennt es schon, oder wer kennt ein ähnliches?

Welches Märchen hast du in der Kinderzeit am liebsten gehabt? Wenn du heute darüber nachdenkst: Weshalb hat es dir damals so besonders gut gefallen? Hast du gruselige Märchen gern gehört, hast du auf das glückliche Ende gewartet? Kannst du es heute uns allen so erzählen, daß es uns auch gefällt? Erinnerst du dich an bestimmte Redewendungen, die drin sein müssen?

Auf diese Weise werden wir drei oder vier Märchen zu hören bekommen. Dann fragen wir: Welches davon hat jetzt am besten gefallen? Warum eigentlich? Lag es an der Handlung oder am Erzähler?

Vielleicht erhält der anerkannte Märchenkönig ein kleines Geschenk, eine Blüte etwa. Inzwischen ist es spät geworden, obwohl manche Teilnehmer sagen werden: »Schade, daß wir schon gehen müssen ... aber das machen wir nächstens wieder, ja?«

*

Auf diese Weise kann sich ein »Märchenstammtisch« entwickeln. Bald wird niemand mehr fürchten, kindisch oder lächerlich zu wirken.

Wir können jetzt die Palette der europäischen Märchenstoffe erweitern. Es gibt sehr poetische und phantasievolle orientalische, ostasiatische oder indianische Märchen. Wer eine Auswahl an Literatur besitzt, soll seine Schätze zeigen. Neben den Sammlungen der Verlage Diederichs und Erich Röth gibt es auch zahllose Taschenbuchausgaben, die für alle erschwinglich sind, die meisten in der Reihe »Die Welt der Märchen« des Fischer-Verlages. Wir können nun vorschlagen, einmal von verschiedenen Teilnehmern bestimmte Schwerpunkte behandeln zu lassen: etwa Indianermärchen, Märchen aus China, irische oder arabische Märchen. Jeder erzählt entweder frei oder liest jene Geschichten vor, die ihm als zum Thema passend erscheinen.

Oder wir wählen die Schwerpunkte nicht geographisch, sondern nach thematischen Gesichtspunkten aus. Wer kennt das schönste Verwandlungsmärchen? Die gruseligste Geschichte aus fremden Erdteilen? Ein Blumenmärchen? Ein Tiermärchen? Eine Reise ans Ende der Welt? Wie schaut dieses Thema in anderen Kulturen aus?

*

Wir haben uns nun bereits eine gemeinsame Basis gezimmert und können uns auch *über* die Märchen unterhalten — über die Wanderung der Motive, über die Ursachen ihrer Verbreitung, kurz über manche Themen, die in dem vorliegenden Buch angeschnitten sind (Drachen, Frauenthemen, Initiation, Psi, Archetypen, Alter der Märchen, Unterschiede zu den Sagen ...). Aber wir bleiben nicht in der Theorie stecken: Sagaheim will leben!

Wer unternimmt es, eines der in diesem Buch nur als kurze Inhaltsangabe dargebotenen Märchen komplett und farbig zu erzählen?

Wer nicht gern frei spricht, wird eingeladen, eine Wiedergabe oder ein selbsterfundenes Märchen zu Papier zu bringen. Es soll jedoch nicht aus den Fugen geraten. Bestimmte Regeln sollten eingehalten werden: klarer, nicht schwülstiger Ausdruck; Poesie mit einfachen Mitteln; Verwendung der traditionellen Bausteine, aber in eigener Gestaltung. Wer nach Mehrheitsmeinung das beste Märchen gestaltet hat, erhält einen Preis — ein Buch zum Thema, einen Bergkristall.

Andere Themen wären: Was haben Tolkien und Ende, was haben Fantasy und Science-fiction mit Märchen in unserem Sinn gemeinsam, was sind die Unterschiede? Wer verteidigt den »Herrn der Ringe«, wer die »Unendliche Geschichte«?

*

Musik und Erzählung harmonieren ohne Schwierigkeit. Wir haben aber nunmehr bereits so viel Kreativität frei gemacht, daß wir noch einen Schritt weitergehen können. Wir bringen zum nächsten Märchenabend Bilder mit, die wir gemalt oder gezeichnet haben, oder wir machen unsere Kunstwerke im Freundeskreis (wenn es genügend Licht und Platz dafür gibt).

Natürlich wird jetzt jemand sagen: Leider kann ich nicht zeichnen; natürlich ist auch in der phantasievollsten Märchenrunde nicht jeder Teilnehmer ein Dürer oder Picasso. Wer kein Pferd zeichnen kann, hat mit einem Drachen, Greif oder Basilisken weniger Probleme, denn da gibt's keine verbindlichen Vorlagen, die wiedergegeben werden müßten.

Es ist aber auch gar nicht erforderlich, die Märchenwelt zu illustrieren wie Ludwig Richter oder Gustave Doré. Wir können uns auch von Musik und Erzählungen inspirieren lassen, ungegenständlich zu malen oder zu zeichnen. Der Drachen kann ein Stachelobjekt aus harten Farben werden, der Ritter ein blitzender Kristall, die Prinzessin auch ein blumenähnliches Gebilde aus weich fließenden Linien. So kommen wir von der Illustration zur eigenen Gestaltung.

Nicht jeder kann gut mit Farben umgehen. Wir bieten daher auch die Rohrfeder an und Tusche in verschiedenen Verdünnungsgraden. Auf feuchtem Papier kann auch mit dem weichen Pinsel und Tusche gemalt werden — aber das erfordert schon viel Talent und Übung, damit nicht eine Soße entsteht. Ähnliches gilt für Zeichenkohle, die oft schöne Zufallseffekte bringt; wer in sich bildnerische Gaben entdeckt hat, wird gern weiterzeichnen.

Wer Farbe bevorzugt, aber mit der schwierigen Aquarelltechnik nicht zu Rande kommt, versucht es mit Tempera oder Ölkreiden. Manche lassen sich mit Wasser oder Terpentin lasierend vermalen und nachher fixieren.

Wenn genügend Raum vorhanden ist, versuchen wir eine Art von ganzheitlicher Gestaltung. Jemand liest vor sehr leiser Musik ein allgemein beliebtes Märchen, die anderen bemühen sich, den Stimmungsgehalt graphisch oder malerisch zu Papier zu bringen. Dann stellen wir die Werke zur Diskussion. Es soll nicht zu einem ehrgeizigen Konkurrieren kom-

men, sondern bei der freundschaftlichen Atmosphäre bleiben.

Ein beliebtes Thema ist die Maske. Jeder malt oder zeichnet
seine Wunschmaske und erklärt nachher, weshalb er gerade diese gewählt hat. Vorsicht! Dies kann demaskierend sein ...

*

Wer fühlt sich jetzt in der Lage, eine ganze Märchenreise zu erzählen? Eine Reise in die Wunderwelt der Tiefsee, wo es noch
unentdeckte Zauberwesen gibt? In die Fernen der Gestirn-
welt? In ein noch unentdecktes Gebirgsland oder zu einer
schwimmenden Insel? Wir werden kein Buch verlangen, sondern ein Fragment, ein Kapitel aus einem ungeschriebenen
Buch, um den zeitlichen Rahmen nicht zu sprengen.

Wenn sich eine echte Gruppe von Menschen gebildet hat, mit
gegenseitiger Abstimmung, dann kann aus diesem Akkord
eine weitere Aufgabe abgeleitet werden: Zu dem ersten Bruch-
stück schreibt jemand anderer den Anfang, wieder jemand die
Fortsetzung oder das Ende. Wer nicht dichten kann oder will,
hat vielleicht Freude daran, bestimmte Szenen oder Stimmun-
gen in bildliche Ausformungen umzusetzen. Oder wagt es jemand, eine dramatische oder pantomimische Gestaltung zu
versuchen?

Dabei sollten wir nicht den Boden unter den Füßen verlieren
und uns als große Künstler fühlen, denn sonst könnte bei Kri-
tik von außen die Ernüchterung folgen. Wichtig ist, daß uns
die Märchenpraxis selbst Freude macht und uns innerlich bereichert. Es kann aber gut sein, daß sich dadurch Kraftströme

der Psyche freilegen lassen, die uns auch für das tägliche Leben etwas mitgeben. Wer mitmacht, wird nach einiger Zeit kaum leugnen können, daß er sich jetzt »lockerer« und freier fühlt und besser imstande ist, mit den Aufgaben des Alltags umzugehen.

Von Zeit zu Zeit sollten wir, solange unser Märchenstammtisch besteht, »zu den Müttern« heimkehren, zu den einfachen alten Märchen — erzählt oder wenigstens vorgelesen.

Vielleicht wollen wir unsere Zusammenkünfte lieber »Märchenabende« nennen. Der Ausdruck »Stammtisch« könnte womöglich zu ausuferndem Konsumieren jener Getränke verleiten, die nur in geringer Dosis das Beiwort »geistig« verdienen. Von Drogen, auch von angeblich harmlosen, wollen wir sowieso absehen. M. Eliade hat einmal die psychotropen Mittel als brutalen Ersatz für auf andere Weise nicht mehr erreichbare Geistesflüge bezeichnet. Sie führen auch nicht zu dem angestrebten Ziel der Befreiung von Versteinerungen, sondern zu andersartiger Gebundenheit.

Betrachten Sie all dies als Anregung, nicht als Rezept. Bleiben Sie damit in Ihrem Kreis, denn auch die Märchenpraxis ist Esoterik und eignet sich nicht dazu, öffentlich breitgetreten zu werden.

Leonhard Eschenbach

BIBLIOGRAPHIE

Dieses Literaturverzeichnis ist ausführlicher gestaltet, als es bei Taschenbüchern üblich ist. Angesichts der Tatsache, daß hier ein Grenzgebiet mit Ausblicken in Disziplinen wie Märchenforschung, Volkskunde, vergleichende Religionswissenschaft, Archäologie, Prähistorie, Völkerkunde, Tiefen- und Parapsychologie behandelt wird, soll das Literaturverzeichnis dem kritischen Leser die Möglichkeit bieten, sich selbst mit den Quellen auseinanderzusetzen.

AARNE, A. und S. THOMPSON: *The Types of Folktale.* Folklore Fellows Communications 184, 2. Aufl., Helsinki 1964.

BÄCHTOLD-STÄUBLI, H. und E. HOFFMANN-KRAYER: *Handwörterbuch des deutschen Aberglaubens.* Berlin u. Leipzig 1927—1942.

BAUER, E. und W. v. LUCADOU (HRSG.): *Spektrum der Parapsychologie. Hans Bender zum 75. Geburtstag.* Freiburg i. Br. 1983.

BAUSINGER, H. und W. BRÜCKNER: *Kontinuität — Geschichtlichkeit und Dauer als volkskundliches Problem.* Berlin 1969.

BECKER, G.: *Die Ursymbole der Religionen.* Graz/Wien/Köln 1987.

BEIT, H. v.: *Gegensatz und Erneuerung im Märchen.* 2. Aufl. Bern 1965.

BENDER, H.: *Unser sechster Sinn*. (Goldmann Grenzwissen-schaften, Nr. 11724). München 1982.

BIEDERMANN, H.: *Die Sage vom Schneemenschen — ein umge-formter Bärenmythus?* In: Quartär 17/1966.

— *Materia Prima. Eine Bildersammlung zur Ideengeschichte der Alchemie.* Graz 1973.

— *Hexen. Auf den Spuren eines Phänomens.* Graz 1974.

— *Bildsymbole der Vorzeit. Wege zur Sinndeutung der schriftlo-sen Kulturen.* Graz 1977.

— *Wellenkreise. Tod und Wiedergeburt in den Ritzbildern des Me-galithikums.* Hallein 1977.

— *Mythische Geographie* (Stichw. im Wörterbuch der Symbo-lik, hrsg. v. M. Lurker), Stuttgart 1979.

— *St. Brandanus, der irische Odysseus.* Graz 1980.

— *Wunderwesen — Wunderwelten. Die Erlebbarkeit des Irrea-len.* Graz 1980.

— *Höhlenkunst der Eiszeit.* Köln 1984.

— *Handlexikon der magischen Künste.* 3. Aufl., 2 Bde., Graz 1986.

— *Die Großen Mütter. Die schöpferische Rolle der Frau in der Menschheitsgeschichte.* Bern u. Wien 1987.

— *Märchen von Hexen (Von der Phantasie der Märchen).* Wien/München 1987.

— *Okkultismus.* In: A. Holl (Hrsg.): Die zweite Wirklichkeit. Wien 1987.

— *Schaden- und Abwehrzauber. Ausbildung der Hexenlehre.* In: H. Valentinitsch (Hrsg.): Hexen und Zauberer. Graz 1987.

— *Dämonen, Geister, dunkle Götter. Lexikon furchterregender mythischer Gestalten.* Graz 1989.

— *Knaurs Lexikon der Symbole.* München 1989.

— *Religionsethnologische Bemerkungen zum Problemkreis der Dämonologie.* In: L. Petzoldt u. S. de Rachewiltz (Hrsg.): Der Dämon und sein Bild. Frankfurt/M. 1989.

BLACKER, C. u. M. LOEWE: *Weltformeln der Frühzeit. Die Kosmologien der alten Kulturvölker.* Düsseldorf/Köln 1974.

BLADÉ, F. und K. SANDKÜHLER: *Der Mann in allen Farben. Märchen aus der Gascogne.* Stuttgart 1952.

— *Der Davidswagen. Märchen aus der Gascogne.* Stuttgart 1954.

BÖKLEN, E.: *Sneewittchenstudien.* Leipzig 1910.

BÖLSCHE, W.: *Drachen. Sage und Naturwissenschaft.* Stuttgart 1929.

BOLTE, J. u. L. MACKENSEN (HRSG.): *Handwörterbuch des deutschen Märchens, A—Gy* (mehr ist nicht erschienen). Berlin 1930—1940.

BOLTE, J. u. G. POLÍVKA: *Anmerkungen zu den Kinder- und Hausmärchen der Brüder Grimm.* Reprint, Hildesheim 1963.

BONIN, W. F.: *Lexikon der Parapsychologie und ihrer Grenzgebiete.* Zürich 1978.

BOTTINEAU, Y.: *Der Weg der Jakobspilger. Geschichte, Kunst und Kultur der Wallfahrt nach Santiago de Compostela.* Bergisch Gladbach 1983.

BÜHLER, CHR.: *Das Märchen und die Phantasie des Kindes.* 5. Aufl., München 1960.

CARTARI, V.: *Imagini delli Dei degl'antichi.* Reprint d. Ausg. Venedig 1647, Graz 1963.

CLARUS, I.: *Du stirbst, damit du lebst. Die Mythologie der alten Ägypter in tiefenpsychologischer Sicht.* Fellbach 1980.

CLOETE, S.: *Afrikanische Ballade. Roman aus dem Urwald.* (The Curve and the Tusk). Berlin 1963.

DACQUÉ, E.: *Urwelt, Sage und Menschheit.* München/Berlin 1938.

— *Das Gesicht der Völker. Dokumentation des Märchens.* Buchreihe des Erich-Röth-Verlages, Kassel.

DELUMEAU, J.: *Angst im Abendland. Die Geschichte kollektiver Ängste etc.* 2 Bde., Hamburg 1985.

DEROLEZ, R.: *Götter und Mythen der Germanen.* Wiesbaden 1974.

DESMOND, A. J.: *Das Rätsel der Dinosaurier.* (The Hot-Blooded Dinosaurs). Köln 1981.

DIEDERICHS, U.: *Germanische Götterlehre.* Hrsg. u. mit mythologischem Wörterbuch versehen von U. D. Köln 1984.

— *Die Märchen der Weltliteratur.* Buchreihe des Diederichs-Verlages, Düsseldorf und Köln.

— *Die Zeit im Märchen.* Hrsg. v. U. und H. A. Heindrichs (Europ. Märchengesellschaft), Kassel 1989.

DUERR, H. P.: *Traumzeit. Über die Grenze zwischen Wildnis und Zivilisation.* Frankfurt/M. 1978.

— *Sedna, oder die Liebe zum Leben.* 2. Aufl., Frankfurt/M. 1985.

ELIADE, M.: *Schamanismus und archaische Ekstasetechnik.* Zürich 1957.

— *Unsterblichkeit und Wiedergeburt.* (Naissances mystiques). Zürich 1961.

— *Wissenschaft und Märchen.* In: F. Karlinger (Hrsg.): Wege der Märchenforschung. Darmstadt 1973.

FINDEISEN, H.: *Das Tier als Gott, Dämon und Ahne.* Stuttgart 1956.

FINDEISEN, H. und H. GEHRTS: *Die Schamanen.* Köln 1983.

FRANKE, H. W.: *Geheimnisvolle Höhlenwelt.* Frankfurt/M.-Berlin 1982.

FRIEDRICH, A. und G. BUDDRUSS: *Schamanengeschichten aus Sibirien.* München-Planegg 1955.

FROBENIUS, L.: *Atlantis. Volksdichtung und Volksmärchen Afrikas.* 12 Bde., Jena 1921—28.

— *Schwarze Sonne Afrika. Mythen, Märchen und Magie* (Hrsg. U. Diederichs). Düsseldorf/Köln 1980.

FRÜH, S. (HRSG.): *Märchen von Hexen und Weisen Frauen.* Frankfurt/M. 1986.

GEHRTS, H.: *Das Märchen und das Opfer. Untersuchungen zum europäischen Brüdermärchen.* Bonn 1967.

— *Die Klappfelsen.* In: Die Welt im Märchen. Kassel 1984.

— *Schamanistische Elemente im Zaubermärchen.* In: Schamanentum und Zaubermärchen. Kassel 1986.

GEIGER, R.: *Märchenkunde. Mensch und Schicksal im Spiegel der Grimmschen Märchen.* Stuttgart 1982.

GERAMB, V. v.: *Kinder- und Hausmärchen aus der Steiermark.* Bearb. v. K. Haiding. Graz 1967.

GEHRTS, H. U. G. LADEMANN-PRIEMER (HRSG.): *Schamanentum und Zaubermärchen.* Europ. Märchengesellschaft, Kassel 1986.

GRIMM, J. und W.: *Kinder- und Hausmärchen* (verschiedene Ausgaben).

— *Irische Elfenmärchen.* Stuttgart 1962.

GRIMM, J.: *Deutsche Mythologie.* Berlin 1875—78. Reprint, Vorwort L. Kretzenbacher, Graz 1968.

GOLOWIN, S.: *Die weisen Frauen. Die Hexen und ihr Heilwissen.* Basel 1962.

GUSINDE, M.: *Urmenschen im Feuerland. Vom Forscher zum Stammesmitglied.* Berlin/Wien/Leipzig 1946.

HAIDING, K.: *Österreichs Märchenschatz. Ein Hausbuch für jung und alt.* Graz 1969.

HEBERS, K.: *Der Jakobsweg. Mit einem Pilgerführer unterwegs nach Santiago de Compostela.* Tübingen 1986.

HETMANN, F.: *Die Reise in die Anderswelt. Feengeschichten und Feenglaube in Irland.* Düsseldorf/Köln 1981.

HIRSCHBERG, W. (HRSG.): *Neues Wörterbuch der Völkerkunde.*
Berlin 1988.

HÖFLER, O.: *Verwandlungskulte, Volkssagen und Mythen.* Wien
1973.

JACOBY, J.: *Der Weg zur Individuation.* Zürich 1965.

JANNING, J., H. GEHRTS, H. OSSOWSKI U. D. THYEN (HRSG.): *Gott
im Märchen.* Europ. Märchengesellschaft, Kassel 1982.

JANNING, J. und H. OSSOWSKI (HRSG.): *Vom Menschbild im Märchen.* Europ. Märchengesellschaft, Kassel 1981.

JUNG, C. G.: *Die Wirklichkeit der Seele.* Zürich 1934.

— (hrsg. v. M. L. v. Franz und J. Freeman): *Der Mensch und seine Symbole.* Olten/Freiburg i. Br. 1981.

KARLINGER, F.: *Der abenteuerliche Glückstopf. Märchen des Ba-
rock.* München 1965.

KEARNEY, H.: *Und es entstand ein neues Weltbild. Die wissenschaftliche Revolution vor einem halben Jahrtausend.* München 1971.

KERÉNYI, K.: *Mensch und Maske.* (1948). In: Humanistische See-
lenforschung. München 1966 (Reprint, Wiesbaden 1978).

KIRCHNER, H.: *Odin im Adlergewand.* In: Schamanentum und
Zaubermärchen. Kassel 1986.

KLATT, F.: *Lebensmächte. Gesetze der geistigen Entwicklung.* Jena
1939.

KÜHN, H.: *Die Felsbilder Europas.* Stuttgart/Berlin/Köln 1971.

LANCZKOWSKI, G.: *Die heilige Reise. Auf den Wegen von Göttern
und Menschen.* Freiburg i. Br. 1982.

LENNÉ, R.: *Das Urphänomen Angst. Analyse und Therapie.*
München 1975.

LÉVY-BRUHL, L.: *Die Seele der Primitiven.* (L'âme primitive).
Düsseldorf/Köln 1956. (Reprint d. Ausg. 1930).

LURKER, M.: *Wörterbuch der Symbolik.* Kröners Taschenausg. 464, Stuttgart 1979 u.ö.

— *Lexikon der Götter und Dämonen. Namen, Funktionen, Symbole, Attribute.* Stuttgart 1984.

LÜTHI, M.: *Zur Phänomenologie des Volksmärchens.* In: Antaios 3/1968.

— *Volksliteratur und Hochliteratur. Menschenbild, Thematik, Formstreben.* Bern/München 1970.

— *Rumpelstilzchen. Thematik, Struktur und Stiltendenzen innerhalb eines Märchentypus.* In: Antaios 5/1971.

— *Der Aschenputtel-Zyklus.* In: Vom Menschenbild im Märchen. Kassel 1981.

— *Diesseits- und Jenseitswelt im Märchen.* In: Die Welt im Märchen. Kassel 1984.

MÂLE, E.: *L'art religieux du XIIe siècle en France.* Paris 1922.

MALER-SIEBER, G.: *Völkerkunde, die uns angeht.* Gütersloh 1978.

MAZAL, O.: *Der Baum. Ein Symbol des Lebens in der Buchmalerei.* Graz 1988.

MEYER, R.: *Die Weisheit der deutschen Volksmärchen (Perspektiven der Anthroposophie).* Frankfurt/M. 1981.

MODE, H.: *Fabeltiere und Dämonen. Die phantastische Welt der Mischwesen.* Leipzig 1977.

MOSER-RATH, E. (HRSG.): *Deutsche Volksmärchen, neue Folge.* Düsseldorf/Köln 1966.

NEUMANN, E.: *Die Große Mutter. Eine Phänomenologie der weiblichen Gestalten.* Olten/Freiburg i. Br. 1974.

NINCK, M.: *Wodan und germanischer Schicksalsglaube.* Jena 1935.

— *Götter- und Jenseitsglaube der Germanen.* Jena 1937.

NITSCHKE, A.: *Soziale Ordnungen im Spiegel der Märchen.* Stuttgart-Bad Cannstatt 1976—77.

PAETOW, K.: *Volkssagen und Märchen um Frau Holle.* Hannover 1962.

PANZER, F.: *Bayerische Sagen und Bräuche. Beitrag zur deutschen Mythologie.* 2 Bde., München 1848—1855.

PERRAULT, C.: *Märchen aus alter Zeit.* Übers. v. D. Walterhöfer. Buchschlag 1976.

RIEDEL, I.: *Tabu im Märchen. Die Rache der eingesperrten Natur.* Olten/Freiburg i. Br. 1985.

RIEDER, H. R.: *Lagerfeuer im Indianerland. Erzählungen aus den frühen Tagen des Indianers.* Essen 1939.

RINNE, O. (HRSG.): *Wie Aua den Geistern geweiht wurde. Geschichten, Märchen und Mythen der Schamanen.* Darmstadt 1983.

RÖHRICH, L.: *Erzählungen des späten Mittelalters und ihr Weiterleben.* Bern/München 1962—1967.

— *Märchen und Wirklichkeit.* 3. Aufl. Wiesbaden 1974.

— *Märchen — Mythos — Sage.* In: Antiker Mythos in unseren Märchen. Kassel 1984.

SANNWALD, G.: *Parapsychologische Phänomene in Volksmärchen.* In: Zeitschr. f. Parapsychologie und Grenzgebiete der Psychologie VIII/1965, Bern u. München.

SCHEFFER, T. v.: *Hellenische Mysterien und Orakel.* Sammlung Völkerglaube, Stuttgart 1948.

SCHERF, W.: *Lexikon der Zaubermärchen.* Stuttgart 1982.

SCHMIDT, L.: *Die Volkserzählung.* Berlin 1963.

— *Perchtenmasken in Österreich.* (Carved Custom Masks etc.). Wien/Köln/Graz 1972.

SCHÖPF, H.: *Fabeltiere.* Graz 1988.

SEGER, I.: *Wenn die Geister wiederkehren. Weltdeutung und religiöses Bewußtsein in primitiven Kulturen.* München 1982.

SIEGMUND, W.: *Einführung zu dem Band: Antiker Mythos in unseren Märchen.* Kassel 1984.

SIEGMUND, W. (HRSG.): *Antiker Mythos in unseren Märchen.* Europ. Märchengesellschaft, Kassel 1984.

SPIESS, K. v. und E. MUDRAK: *Hundert Volksmärchen* (Deutsche Märchen etc., Berlin 1939). Wien 1947 (anonym erschienen).

STUMFOHL, H.: *Magna Mater Mediterranea.* In: Almogaren, Jahrb. d. Institutum Canarium XVII, Hallein 1986.

STUMPFE, O.: *Die Heroen Griechenlands. Einübung des Denkens von Theseus bis Odysseus.* Münster 1978.

THOMPSON, S.: *Motif-Index of Folk-Literature.* Kopenhagen 1955—58.

TOPPER, U.: *Märchen der Berber.* (Die Märchen der Weltliteratur). Köln 1986.

VRIES, J. DE: *Betrachtungen zum Märchen, besonders in seinem Verhältnis zu Heldensage und Mythos.* Folklore Fellows Communications 150. Helsinki 1954.

WELSH, R. (HRSG.): *Ich verstehe die Trommel nicht mehr, Erzählungen aus Afrika.* München 1983.

WENDEL, H.: *Eiszeitliche und altägyptische Sanktuare, gesehen als Orte einer Wiedergeburtsreligion.* In: Almogaren (Institutum Canarium) V—VI, Graz 1976.

WIPF, A. A.: *Poetische Sprachschätze aus althochdeutscher Zeit.* Bonn 1985.

WÜNSCHE, A.: *Die Sagen vom Lebensbaum und Lebenswasser. Altorientalische Mythen.* Leipzig 1905.

Knaur Ⓡ
Esoterik

Musashi
**DAS BUCH
DER FÜNF RINGE**

**Musashi, Miyamoto
Das Buch der fünf Ringe**
»Das Buch der fünf Ringe«
ist eine klassische Anleitung zur Strategie – ein
exzellentes Destillat der
fernöstlichen Philosophien. 144 S. [4129]

**Dowman, Keith
Der heilige Narr**
Das liederliche Leben und
die lästerlichen Gesänge
des tantrischen Meisters
Drugpa Künleg. 224 S. mit
1 Karte [4122]

**Brunton, Paul
Von Yogis, Magiern
und Fakiren**
Begegnungen in Indien.
Der amerikanische Journalist Paul Brunton bereiste
in den dreißiger Jahren
Indien. Seine Erlebnisse
eröffnen das ganze Spektrum indischer Spiritualität. 368 S. und 12 S.
Tafeln. [4113]

**Deshimaru-Roshi, Taisen
Zen in den Kampfkünsten
Japans**
Deshimaru-Roshi demonstriert, wie die Kampfkünste zu Methoden geistiger Vervollkommnung
werden. 192 S. mit 19 s/w-
Abb. [4130]

**Brugger, Karl
Die Chronik von Akakor**
Erzählt von Tatunca Nara,
dem Häuptling der Ugha
Mongulala. Der Journalist
und Südamerika-Experte
Karl Brugger hat einen
ihm mündlich übermittelten Bericht aufgezeichnet,
der ihm nach anfänglicher
Skepsis absolut authentisch erschien: die Chronik
von Akakor.
272 S., Abb. [4161]

Philip Rawson
TANTRA
Der indische Kult der Ekstase
Mit 198 Abbildungen · Knaur

**Rawson, Philip
Tantra**
Der indische Kult der Ekstase. Diese Methode, die
zur inneren Erleuchtung
führt, erobert heute in
zunehmendem Maße die
westliche Welt.
192 S. mit 198 z.T. farb. Abb.
[3663]

**Rawson, Philip /
Legeza, Laszlo
Tao**
Die Philosophie von Sein
und Werden. Mit ungewöhnlicher Eindringlichkeit und großer Sachkenntnis erschließt sich
hier den westlichen Menschen die Vorstellungswelt
des chinesischen Volkes.
192 S. mit 202 Abb. [3673]

ESOTERIK

Ferguson, Marilyn
Die sanfte Verschwörung
Persönliche und gesellschaftliche Transformation im Zeitalter des Wassermanns. Mit einem Vorwort von Fritjof Capra. 528 S. [4123]

Walsh, Roger
Überleben
Wir produzieren unter unbiologischen Bedingungen Feldfrüchte und Fleisch im Übermaß – während ein großer Teil der Weltbevölkerung hungern muß. Roger Walsh untersucht die Triebfedern unseres selbstmörderischen Tuns und gibt Anregungen für eine neue und sinnvolle Richtung. 176 S. [4155]

Aeppli, Ernst
Der Traum
und seine Deutung
Der Psychoanalytiker Ernst Aeppli schrieb dieses Traumbuch im Geiste des großen Seelenforschers C. G. Jung. Er wendet sich an alle, die wirklich Zugang zu ihren Träumen und somit zu ihrem Unbewußten suchen. 416 S. [4116]

Boot, M.
Das Horoskop
Dies ist sowohl ein Einführungswerk für den interessierten Anfänger als auch ein Nachschlagewerk für den praktizierenden Astrologen. Alle Interpretationen stützen sich auf empirische Ergebnisse der Astrologie in Verbindung mit modernen psychologischen Erkenntnissen. 336 S. mit Abb. [4172]

Szabó, Zoltán
Buch der Runen
Das westliche Orakel. Das Buch enthält eine ausführliche Anleitung für die Orakel-Praxis und erklärt die besondere Bedeutung der Runen und der germanischen Götter als lebendige Symbole. Zusammen mit einem Satz von 18 Runensteinen in Klarsichtkassette. 256 S. [4146]

Tietze, Henry G.
Imagination
und Symboldeutung
Wie innere Bilder heilen und vorbeugen helfen. Henry G. Tietze führt uns ein, in die Welt der inneren Bilder, erklärt, was sie bedeuten, wie sie hervorgerufen und genutzt werden können. 352 S. [4136]

Wilson, Colin
Gurdjieff – Der Kampf
gegen den Schlaf
Georg Iwanowitsch Gurdjieff (1865–1949) ist eine der geheimnisumwittertsten Persönlichkeiten des Jahrhunderts. Colin Wilson ist seiner Philosophie und seinem Einfluß auf andere Menschen nachgegangen. Sein Buch ist eine brillante Einführung in Leben und Werk dieses Psychologen-Magiers des 20. Jahrhunderts. 176 S. [4162]

Boyd, Doug
Swami Rama
Erfahrungen mit den heiligen Männern Indiens. Swami Rama, in Indien aufgewachsen, ist eine Persönlichkeit, für den Wunder alltäglich sind. In den USA experimentiert er mit quantitativen Untersuchungsmethoden über höhere Bewußtseinszustände. 320 S. [4140]

ESOTERIK

Nakamura, Takashi
Das große Buch vom richtigen Atmen
Mit Übungsanleitungen zur Entspannung und Selbstheilung für jedermann mit altbewährten Methoden der fernöstlichen Atemtherapie. 336 S., 120 s/w-Abb. [4156]

Ram Dass
Reise des Erwachens
Ein Handbuch zur Meditation.
Ram Dass nimmt uns mit auf eine Reise, die »Reise des Erwachens«, und er eröffnet uns dabei ein vielfältiges Angebot, aus dem wir wählen können: Mantra, Gebet, Singen, Visualisierung, »Sitzen«, Tanzen u. a. Er ermöglicht uns somit einen Zugang zum spirituellen Pfad. 256 S. [4147]

Faraday, Ann
Die positive Kraft der Träume
Die Psychologin und Traumforscherin Ann Faraday hat eine Methode entwickelt, die jedem die Möglichkeit gibt, die individuelle Symbolik seiner eigenen Träume zu entschlüsseln. 267 S. [4119]

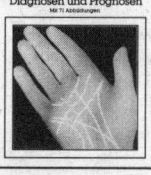

Knaur Ⓚ
Esoterik
Ursula von Mangoldt
SCHICKSAL IN DER HAND
Diagnosen und Prognosen
Mit 72 Abbildungen

Mangoldt, Ursula von
Schicksal in der Hand
Diagnosen und Prognosen.
Die Deutung der Anlagen und Möglichkeiten, wie sie in den Signaturen beider Hände sichtbar werden, sind die Schwerpunkte dieses Buches. 256 S. mit 72 Abb. [4104]

Monroe, Robert A.
Der Mann mit den zwei Leben
Reisen außerhalb des Körpers.
Dieser sensationelle Bericht beruht auf 12jähriger Beobachtungszeit, in der der Autor über 500mal seinen Körper verließ. Monroe tritt damit den Beweis an, daß der Mensch einen physischen Körper besitzt und sich sogar von diesem trennen kann. 288 S. [4150]

Der Eingeweihte
Eindrücke von einer großen Seele.
Der Autor berichtet von einem »Eingeweihten«, der sein Leben entscheidend beeinflußte, ohne aber jemals seine Entscheidungsfreiheit einzuschränken. 256 S. [4133]

Jones, Marthy
In die Karten geschaut
Marthy Jones hat sich des mündlich tradierten Zigeunerwissens um das Kartenlegen angenommen und in diesem Buch zusammengefaßt. Die verschiedenen Legesysteme werden erläutert und alle 52 Spiel-Karten gründlich interpretiert. 288 S. mit Abb. [4153]

Kirchner, Georg
Pendel und Wünschelrute
Handbuch der modernen Radiästhesie. Georg Kirchner geht auf alle radiästhetischen Anwendungsbereiche ein, erklärt sie anhand zahlreicher Beispiele. 336 S. mit 50 s/w-Abb. [4127]

ESOTERIK

Pollack, Rachel
Tarot –
78 Stufen der Weisheit
Tarot kann Lebenshilfe, Entscheidungshilfe, Wegweiser durch schwierige Situationen und Schlüssel zur Selbstfindung sein – wenn wir verstehen, die Geheimnisse seiner Bilder und Symbole zu dechiffrieren.
400 S. mit 100 Abb. [4132]

Das Tarot-Übungsbuch
Während das überaus erfolgreiche erste Buch der Autorin, »Tarot«, eine Einführung darstellt, setzt dieses Buch gewisse Grundkenntnisse voraus. Die hier geschilderten markanten Beispiele werden dem Leser zahlreiche Anregungen für die eigene Tarot-Praxis vermitteln.
240 S. mit s/w-Abb. [4168]

Tietze, Henry G.
Entschlüsselte Organsprache
Krankheit als SOS der Seele. Verdrängte und unterdrückte Gefühle schlagen sich in ganz bestimmten Körperregionen nieder, wo sie schließlich psychosomatische Krankheiten verursachen.

Der Psychotherapeut Henry G. Tietze gibt einen Überblick über das Wesen dieser Krankheiten, ihre Ursachen und ihre Behandlungsmöglichkeiten.
272 S. [4175]

Sasportas, Howard
Astrologische Häuser und Aszendenten
Neben dem Tierkreiszeichen-System ist das Häuser-/Aszendenten-System die zweite, überaus bedeutsame Quelle astrologischer Interpretationsmöglichkeit. Seltsamerweise gibt es hierzu kein einziges, für die Deutungspraxis brauchbares Buch.
624 S. mit s/w-Abb. [4165]

Sakoian, Frances / Acker, Louis S.
Das große Lehrbuch der Astrologie
Wie man Horoskope stellt und nach neuesten wissenschaftlichen Erkenntnissen Charakter und Schicksal deutet. 551 S. mit zahlr. Zeichnungen. [7607]

Schwarz, Hildegard
Aus Träumen lernen
Mit Träumen leben. Dieses Traumseminar geleitet uns über einen Zeitraum von acht Abenden in die Welt der Träume. Ein Symbolregister ermöglicht es, diese tiefgehende Einführung auch als Nachschlagewerk zu benützen.
272 S. [4170]

Garfield, Patricia
Kreativ träumen
Die Autorin erläutert ausführlich und leicht verständlich jene Techniken, mit Hilfe derer jedermann innerhalb kurzer Zeit entscheidenden Einfluß auf seine Träume nehmen kann. 288 S. [4151]

ESOTERIK

Knaur®

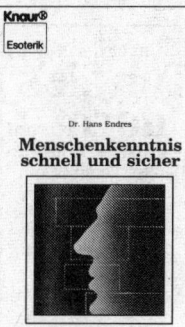

Knaur®
Esoterik

Dr. Hans Endres

**Menschenkenntnis
schnell und sicher**

Menschenkenntnis – schnell und sicher

Eine Einführung in die Physiognomik – das Wissen um die Zusammenhänge von Körpermerkmalen und Charakterzügen. Der Autor, geht u.a. auf folgende Punkte ein:

● Typenlehre, die Temperamente
● Auftreten (Gang, Haltung, Ohren, Mund, Kinn)
● Die Hände als universelles Ausdrucks- und Gestaltungsorgan
● Die Stimme
● Die Augen als »Fenster der Seele«
● »Checkliste« zum systematischen Vorgehen

Dr. Hans Endres gelingt hier eine Synthese von psychologisch-philosophischer Wertesetzung und für den Alltag anwendbarer Typisierung.
182 S. TB 4178.

Das spirituelle Menschenbild

Als Pädagoge, Philosoph, Psychologe und Esoteriker steht Dr. Endres mitten im Leben. Er will seinen Mitmenschen durch konkret realisierbare Ratschläge helfen, zu mehr Lebensqualität zu finden. Dieses Buch enthält in konzentrierter Form eine Fülle wesentlicher Informationen, um neue Zusammenhänge erkennen und vertiefte Einsichten gewinnen zu können.

Im ersten Teil werden alle Erscheinungsformen und Aktionsbereiche der auf Erden verkörperten Menschenseele beschrieben. Der zweite Teil zeigt die Beziehungen der verkörperten Seele zum unverkörperten universalen Geist (Gott) auf, die man gemeinhin Religion nennt. Der dritte Teil erhellt den Weg, auf dem jeder Mensch dahin gelangen kann, bei der Erkenntnis ewiger Wahrheit und Wirklichkeit nicht nur auf andere angewiesen zu sein – wie dies auf die Lehren verschiedener Konfessionen zutrifft –, sondern fortschreitend durch die eigene Erfahrung Gewißheit zu erlangen. 304 S. mit Abb. TB 4176.

Knaur®
Esoterik

Dr. Hans Endres

**DAS BESTE AUS
DEM LEBEN MACHEN**
Ein Leitfaden zur Selbsterfüllung
und Selbstmeisterung

Das Beste aus dem Leben machen

Der Autor schildert hier die Erfahrungen und Einsichten eines äußerlich erfolgreichen wie innerlich erfüllten Lebens, die hiermit jedem zugänglich gemacht werden, der ein ähnlich befriedigendes Leben erstrebt.

Das Buch gliedert sich in die drei Teile: Aufbau der Persönlichkeit – Miteinander leben – Dreimal Liebe. Trotz unvermeidlicher Theorie durchzieht der Leitgedanke »Aus der Praxis für die Praxis« das gesamte Werk von Dr. Endres. Als Leiter unzähliger Lebenshilfe-Seminare weiß er, wie wir Probleme am pragmatischsten angehen und bewältigen können.
432 S. TB 4183.

Hans Endres